Susanna Schmidsberger

HEXENGARTEN

Zauberkräuter für Gesundheit, Liebe & Erfolg

Inhalt

MAGISCHE RITUALE MIT PFLANZEN

ANGEWANDTE HEXEREI

Vorwort

„Die Hexen kommen – 15 Millionen Deutsche glauben an die Macht der Magie" überschrieb vor einigen Jahren ein Wochenmagazin seine Titelgeschichte. Diese Zahl ist inzwischen deutlich gewachsen. Nimmt man Österreich und die Schweiz dazu, so sind es heute im deutschsprachigen Raum fast doppelt so viele Menschen, die an Magie glauben – vor allem an Heil- und Zauberkräuter für Gesundheit, Liebe und Erfolg.

Aus meiner Erfahrung weiß ich, dass sich im Bereich der Pflanzenmagie unter Frauen wie auch Männern der Liebeszauber besonderer Beliebtheit erfreut. Ich greife ihn daher als Beispiel heraus, um damit das Wesentliche von Magie hervorzuheben und ihre Wirkung zu veranschaulichen.

Aus Pommern ist uns z. B. ein alter Liebeszauber überliefert, er lautet so: „Nimm drei Blätter Salbei, schreibe auf das erste Adam und Eva, auf das zweite deinen Namen und auf das dritte ihren/ seinen Namen. Verbrenne die Blätter zu Pulver und gib es ihr/ihm ins Essen." Moderne Liebeszauber aus dem „Hexengarten" haben eine andere Basis. Sie wollen mit Hilfe der „Pflanzengeister" das beschwören, was ersehnt wird. Es geht darum, selbst verborgene Kräfte aus dem Inneren zu entfalten und so Ausstrahlung auf andere zu gewinnen.

Aber wer sich nicht selbst für die Liebe öffnet – um bei unserem Beispiel für Magie zu bleiben –, wird auch keinen Zauber auf andere ausüben. Wie Liebeszauber und andere Hexereien gelingen, verraten die „Pflanzengeister" und meine magischen Rezepte in diesem Buch. Die Kunst der Pflanzen- und Kräutermagie ist ein Teil einer natürlichen Fähigkeit, die wir alle haben und die ursprünglich deshalb von vielen Menschen gepflegt wurde. Über Jahrhunderte war sie verschüttet, erfreut sich heute aber wieder großer Beliebtheit.

In jeder Frau schlummern Urkräfte für Hexerei oder weiße Magie, andere und sich selbst zu verzaubern und zu „verhexen". Sie müssen nur wie in diesem Buch geweckt werden.

Grundlagen

DER HEXEREI

WANN IMMER SIE ZAUBERN, IST ES WICHTIG,
DASS IHR GEIST KONZENTRIERT IST –
ENTWEDER MIT HILFE EINER MEDITATIONSÜBUNG
ODER DURCH EIN WENIG SELBSTHYPNOSE.

Clara Mentalis

Hexen gestern und heute

Bis zum Beginn des 14. Jahrhunderts galten Hexen als weise Frauen oder als weise Mütter. Mit ihren Kenntnissen der Heilkunst und Anwendungen von Heilkräutern, Energiesteinen und Riten sollen sie so manches gesundheitliche und psychische Problem gelöst haben. Auch Vertreter des „starken Geschlechts" befanden sich unter den Wissenden – die Hexenmeister.

Hexen lebten in, von und mit der Natur. Die eigene Intuition und damit die Hellsichtigkeit wurde so gefördert. Oft waren die weisen Frauen gleichzeitig Amme und wahrscheinlich auch Sterbebegleiter, die den Menschen in ihrer Todesstunde das letzte Geleit gaben und die trauernden Hinterbliebenen betreuten.

Um 1300 hatten Ernteausfälle und in ihrer Folge Hungersnot und Krankheiten wie die Pest 30 % der Bevölkerung in Europa dahingerafft. Doch man gab den Hexen die Schuld daran und die Zeit der Hexenverfolgung begann, die bis weit in die Neuzeit dauern sollte. Die Verfolgung galt aber im Wesentlichen dem Wissen dieser Frauen. Deshalb wurden sie der schwarzen Magie und Zauberei überführt und verfolgt. Denn nicht selten hatten die für die Arznei verwendeten Früchte, Kräuter und Pilze (z.B. Belladonna, Mohn, Gefleckter Schierling) Halluzinationen bei den Kranken hervorgerufen. Und oft sahen sie in ihrem Rausch die Hexen auf Besen durch die Lüfte reiten oder glaubten, selbst in ein wildes Tier verwandelt worden zu sein. Erst die Naturwissenschaft hat Mitte des 17. Jahrhunderts das philosophische Denken über

die Natur und die in ihr wirkenden Kräfte verändert. Die Angriffe auf Hexen galten nun als überholt und die Verfolgungen wurden allmählich eingestellt. Das geheime Wissen und die besondere Kunst der Hexen aber konnten nicht ausgemerzt werden – im Gegenteil, die weiße Magie ist heute

Ein Bilddokument aus dem ausgehenden Mittelalter und der beginnnenden Neuzeit.
Albrecht Dürer: „Vier Hexen" (Liebeszauber)

*Für Gesundheit, Liebe und Erfolg:
Eine reiche Auswahl an
Früchten und Kräutern sollte
in jeder modernen Hexenküche
vorhanden sein.*

gefragter denn je. Wenn sich auch die Zeiten ge-
ändert haben, so sind die Sehnsüchte, Wünsche
und Probleme der Menschen gleich geblieben. Wer
möchte sich nicht guter Gesundheit erfreuen, nicht
geliebt werden oder Erfolg im Beruf haben? Immer
nur vom idealen Partner zu träumen macht auf
Dauer auch nicht glücklich. Warum sollten die
Naturgeister von einst nicht auch uns Neuzeit-
menschen helfen? Wenn Sie bereit sind, Ihr Leben

selbst in die Hand zu nehmen, werden Sie schon
sehr bald merken, dass sich wie durch Geisterhand
Türen und Wege öffnen. Sie werden neue Menschen kennen lernen, geheime Wünsche werden
sich erfüllen und Ihre ersehnten Ziele rücken in
greifbare Nähe. Haben Sie Vertrauen zu sich selbst
und Ihren inneren (noch schlummernden) Kräften. Wecken Sie Ihre Intuition und lassen Sie die
weiße Magie auch in Ihr Leben einfließen.

Hilfsmittel und Techniken, die Gebote der weißen Magie

GEBOTE DER HEXEREI – LEITSÄTZE

Immer wieder passieren Dinge im täglichen Leben, die mit Logik allein nicht zu erklären sind. Haben Sie schon einmal „erraten", wer sich am anderen Ende der Telefonleitung befunden hat, als das Telefon läutete? Oder haben Sie eine bestimmte Person, an die Sie in den letzten Tagen gedacht haben, in der Stadt oder anderswo getroffen? Können Sie diese Fragen mit „ja" beantworten, dann sind Sie hier richtig.

Ihre Intuition sendet bereits aus dem Unbewussten erste Informationen an das sogenannte bewusste Denken. Schade, dass sehr oft diese ersten Anzeichen einer Sensibilisierung des Geistes und der Gefühle als „Zufall" abgetan werden. Nutzen Sie doch diese innere Kraft für die Erfüllung Ihrer Wünsche und erleichtern Sie sich mit Ihrer Intuition nicht nur den Alltag. Hexen ist keine Hexerei und kann von jedermann und -frau leicht erlernt werden, wenn Sie dabei einige Regeln beachten:

Hexen ist keine Hexerei und kann leicht erlernt werden.

Klarheit im Geist: Jeder, der die Hohen Mächte anruft, muss wissen, was er tatsächlich will. Was heute gewünscht wird, muss auch morgen noch Bestand haben. Hinterfragen Sie, ob Sie mit der Erfüllung eines Wunsches wirklich glücklicher wären. Ist die Eigendynamik der Hexerei einmal in Gang gesetzt, kann sie nur sehr schwer aufgehalten werden. Goethes Zauberlehrling soll ein

TIPP

Die Reinigung mit ihren Geboten ist eine der prinzipiellen Aufgaben, die Sie beachten sollten, um Hexerei erfolgreich durchführen zu können. Werfen Sie negative Gedanken und Gefühle ab, erkennen Sie Ihre Stärken! So schaffen Sie stets das Gute und verhexen damit sich und andere.

mahnendes Beispiel dafür sein: „ ... die ich rief, die Geister, werd´ ich nun nicht los!"

Unter allen Umständen muss auch der *Moralkodex* eingehalten werden, das heißt, dass niemandem durch die Hexerei geschadet werden darf, nicht einmal sich selbst, denn an jeden Wunsch ist gleichzeitig das *dreifache Gesetz* gebunden. Das heißt, wann immer Gutes oder Böses herbeigerufen wird, kommt es mit dreifach starker Wirkung auf den „Sender" zurück.

BLITZABLEITER FÜR NEGATIVE GEFÜHLE

Alles, was Ihre Seele belastet, notieren Sie auf einem weißen Blatt Papier. Zünden Sie eine weiße Kerze an. Mit der Kerzenflamme setzen Sie das beschriebene Blatt in Brand und lassen es auf einem Teller vollständig verbrennen. So lösen Sie verletzende Worte in Rauch und nicht in Schall auf. Sie werden spüren, wie sehr diese Methode Ihre Seele erleichtert.

Zähmen Sie nicht nur Ihre Gedanken, sondern auch Ihre Zunge. Jede verantwortungsvolle Hexe legt gerne das *Schweigegelübde* ab. „Was mit dem Herzen bewirkt wird, hat auf den Lippen keinen Platz!"

Alles hat seinen Preis. Nehmen Sie deshalb die Gunst der Hohen Mächte nicht als selbstverständlich an. Signalisieren Sie, dass Sie gerne bereit sind, persönliche Opfer zum Gelingen eines Vorhabens oder zur Erfüllung eines Wunsches zu bringen. Vielleicht setzen Sie für das Zustandekommen einer Verabredung mit dem Traummann eine Woche Schokolade-Verzicht ein?

Hexenkunst ist auch *Konzentrationsarbeit.* Gedanken wie „Ich muss noch Brot einkaufen" oder „die Wäsche aufhängen" haben dabei wirklich nichts zu suchen. Lassen Sie vor Beginn der unterstützenden Rituale die Alltagsgedanken einfach davonziehen. Wie Regenwolken werden sie vom Wind weggeblasen. Sonnenschein und Ruhe können sich ausbreiten. Fazit: Konzentrieren Sie sich auf sich selbst. Wenn dies einfach nicht gelingen will, sagen Sie zur Unterstützung ein Wort oder einen Satz und wiederholen diesen im Geist immer wieder.

„Licht" – „Ruhe" – „Friede" – „Ich bin Liebe, ich bin Freude" eignen sich ideal dafür. Fühlen Sie diesen Worten nach, wo sie sich im Körper einnisten wollen. Sie werden spüren, dass es im Energiezentrum unterhalb des Nabels – dem „Sonnengeflecht" – warm wird. Ruhe breitet sich aus, wie der Wasserspiegel eines Sees sich nach einem Sturm glättet. Genießen Sie es!

DER RICHTIGE ORT FÜR ZAUBERKÜNSTE

Sind Sie einmal Herrin Ihrer Gedanken geworden, wird es nicht schwierig sein, den richtigen Ort für Ihre Künste zu finden. Der Idealfall wäre natürlich ein eigener Raum, in dem die praktizierende Hexe täglich meditiert, denn moderne Hexen wissen längst, dass sie nicht Körper, Geist und Seele *haben*, sondern Körper, Geist und Seele *sind*. Aber Bedingung ist das Hexenstübchen nicht.

Erspüren Sie in Ihrem Zuhause oder in Ihrer Umgebung einen harmonischen Platz, an dem Sie ungestört sind. Es ist sicherlich nicht die Stelle geeignet, an der Sie innerhalb kürzester Zeit müde werden und einschlafen. Denn die plötzlich auftretende Müdigkeit kommt nicht von der vermeintlichen Entspannung, sondern vielmehr durch den abrupten Kräfteraub der negativen Strahlung dieses Platzes.

Haben Sie das ideale Plätzchen gefunden, richten Sie gegen Norden einen kleinen Altar ein. Sie können dazu ein kleines Tischchen nehmen oder auf einer vorhandenen Kommode einen Platz dafür reservieren.

Kennzeichnen Sie diese Stelle eventuell mit einem schönen Tischdeckchen oder umrahmen Sie den Platz mit Muscheln oder Steinen, die Sie aus dem Urlaub am Meer mitgebracht haben. Sie können auch ein Bild einer Ihrer nahestehenden Personen darauf aufstellen. Schmücken Sie Ihren Altar zudem mit Ihren Lieblingsblumen und einer Weihrauchschale. Alle zum Hexen benötigten Utensilien werden in greifbarer Nähe deponiert.

Grundausstattung der Hexenküche – Magisches Zubehör

DER HEXENKESSEL

In erster Linie benötigt die erfolgreiche Hexe für ihre Riten und Gebräuche einen *Hexenkessel*. Er muss nicht sehr groß und auch nicht unbedingt aus Kupfer sein. Er soll sich nur gut in den Händen der modernen Hexe anfühlen. Sie müssen das Gefühl haben: Der gehört zu mir! Der Hexenkessel symbolisiert alle vier Elemente: Wasser, Feuer, Erde und Luft und verkörpert den göttlichen Schoß der Muttergöttin Erde namens Gaia. Er gilt als Symbol des Unbewussten.

Im Hexenkessel werden nicht nur Liebesgetränke gebraut oder Wunsch-Süppchen gekocht, er dient auch zum Sammeln getrockneter Kräuter und Blüten, Steine und Salze. Zu Samhain (sprich sowen) – dem Neujahrsfest (31. Oktober, Halloween) der Hexen – verwandelt sich der mit Wasser gefüllte Behälter in einen magischen Spiegel, der einen Blick sowohl in die Zukunft als auch in die Vergangenheit preisgeben kann.

DAS RITUALMESSER ODER SCHWERT

Wichtiges Utensil ist ein *Ritualmesser* oder *Schwert:* das Athame. Es ist dem Element Luft zugeordnet und besteht aus einem weißen Griff aus Horn, Perlmutt oder hellem Holz und einer zweischneidigen Klinge. Es symbolisiert die Lebenskraft und stellt den Frühling dar. Mit diesem Werkzeug ziehen die in die Hexenkunst Eingeweihten magische Kreise um ihre Arbeitsfläche, sodass das Böse und negative Kräfte keinen Zutritt mehr haben. Kräuter, Blüten und Früchte werden bei der Ernte damit abgeschnitten. Ebenso die Äste, die zu Zauberstäben weiterverarbeitet werden sollen. Namen und astrologische Zeichen schnitzt man mit dieser Klinge in Kerzen und Talismane.

DER ZAUBERSTAB

Mit dem *Zauberstab* werden die Elementargeister kontrolliert und geleitet. Er soll 53 cm lang sein und je nachdem, aus welchem Holz er geschnitzt wurde, wird er zu bestimmten Zeremonien eingesetzt: Esche ist für Heilungsrituale geeignet, Eiche für druidische Magie, Holunder wird bei Weihungen eingesetzt und Weide bzw. Eberesche bei Mondzauber, um die Göttin des Vollmonds, Selene, anzurufen. Der Stab dient auch als Verstärker bei der Wunschmagie, damit Herzensträume Wirklichkeit werden können. Alle anderen Holzarten dienen zum Umrühren von Zaubertrank oder -speise.

DER KELCH

Ein *Kelch* darf natürlich auch nicht fehlen. Er steht für das Element Wasser und den Herbst. Natürlich muss er nicht aus Silber oder Messing sein. Kristall oder einfaches Glas sind völlig ausreichend, er soll nur „von innen leuchten". Denn er ist Ausdruckskraft für Gefühl und Intuition. In diesem Gefäß werden geweihtes Wasser oder Wein für diverse magische Handlungen aufbewahrt.

Eine *flache Scheibe* oder ein schöner Teller – das Pentakel – steht für das Element Erde und den Winter und symbolisiert zugleich Tatkraft. Bewusstsein muss zu Handlung führen, damit die Wirklichkeit (nicht die Realität) verändert wird. Auf diese Scheibe werden geweihte Kerzen gestellt, Kräuter und Blüten bei verschiedenen Ritualen und Zeremonien gestreut und allen Gottheiten geweiht.

BUCH DER SCHATTEN

Zu den festen bzw. unveränderlichen Gebrauchsgegenständen einer Hexe zählt auch das *Buch der Schatten*. Es ist das geheime Tagebuch einer jeden praktizierenden Hexe. Hier notiert sie alle ihre Rezepte und Erfahrungen, ihre persönlichen Zaubersprüche, Träume und Rituale. Wenn eine Hexe stirbt, kann sie dieses Buch entweder vererben oder es wird verbrannt, sodass die Eintragungen für immer ihr Geheimnis bleiben.

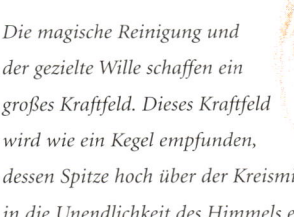

Die magische Reinigung und der gezielte Wille schaffen ein großes Kraftfeld. Dieses Kraftfeld wird wie ein Kegel empfunden, dessen Spitze hoch über der Kreismitte in die Unendlichkeit des Himmels emporragt.

MAGISCHES VERGÄNGLICHES HEXENZUBEHÖR

Kerzenlicht verleiht nicht nur jeder Frau Schönheit, sondern stimuliert auch das Unbewusste. Unverzichtbar sind daher Kerzen bei allen Ritualen und Beschwörungen wie z. B. um Schutz zu bitten oder Anrufungen. Deshalb kann der Vorrat gar nicht groß genug sein. Bei der Auswahl der Farben richtet man sich nicht nur nach dem Verwendungszweck, sondern auch nach dem Geburtsmonat des Energie- bzw. Wunschempfängers. Ist die Traumfrau oder der Traummann im Januar geboren, benötigt man für alle Rituale eine rote Kerze. Ist die Farbe nicht vorrätig, kann auf die Ersatzfarbe zurückgegriffen werden (s. Tabelle). Vollständig durchgefärbte Kerzen sind den nur eingefärbten vorzuziehen. Sollten Sie nicht wissen, in welchem Monat der Herzenspartner oder die -partnerin geboren wurde, wählen Sie die Farbe Weiß und ritzen den Namen des Betroffenen mit dem weißgriffigen Ritualmesser – dem Athame – in die Kerze.

Die moderne Hexenküche greift auch ganz besonders gern auf die unterschiedlichsten Öle zurück, auch Kerzen müssen vor dem Gebrauch mit Öl gesalbt werden. Bei Kräuter- und Duftölen ist sorg-

Verwendungszweck der Kerzen, je nach Farbe

Weiß: *für den Frieden, zum Schutz und Reinigen von negativen Schwingungen, dämpft die Ungeduld, für Klarheit, Neubeginn und Heilung.*

Blau: *steht für Glück, Erfolg, Gesundheit, hilft bei Angst und Trennung von einem geliebten Menschen bzw. wenn der Wunschpartner noch an jemanden gebunden ist.*

Orange: *für Fruchtbarkeit, Kraft und Lebensfreude, gutes Gelingen, fördert Herzenswärme.*

Rot: *für die Liebe, Leidenschaft und ewige Bindung, um den Kampfgeist zu stärken und Energie aufzuladen.*

Grün: *Wohlstand, beruflicher Erfolg, Wachstum, für Gewinn oder Glück im Spiel.*

Rosa: *für Kommunikation mit dem Jenseits. Förderung der spirituellen Entwicklung. Lösung von seelischen Blockaden, Anziehungskraft.*

Braun: *Vitalisierungshilfe, Neubeginn einer zerbrochenen Beziehung, Einsicht.*

Gelb: *Zufriedenheit, Befreiung, Anziehungskraft für Liebesrituale, wenn der richtige Partner noch nicht gefunden ist, Kommunikation mit dem Hier und Jetzt.*

Maisgelb: *Kraft, Stärke, Glück und Wohlstand.*

Grau: *positiver Ausgang bei Gerichtsangelegenheiten und um Verschwiegenheit eines Menschen zu bewirken.*

Violett: *für Harmonie, geistige Größe, bei Ritualen mit spirituellen Zielen, Kreativität.*

Gold: *für Reinigung und Schutz vor Besetzungen und Fremdenergien, Energieaufbau.*

Zuordnung der Kerzenfarben

Januar	**rot** oder **gold**
Februar	**gelb** oder **blau**
März	**blau** oder **grün**
April	**rosa** oder **orange**
Mai	**blau** oder **gold**
Juni	**rot** oder **blau**
Juli	**rot** oder **grün**
August	**rosa** oder **orange**
September	**rosa** oder **gold**
Oktober	**rosa** oder **gold**
November	**gelb** oder **blau**
Dezember	**rot** oder **orange**

fältig darauf zu achten, dass sie nicht aus synthetischen Stoffen hergestellt sind, denn diese besitzen sicher nicht die Eigendynamik von Blüten und getrockneten pflanzlichen Ingredienzen und können daher ihrer Aufgabe nicht gerecht werden. Sie sind allenfalls ein Sinneskitzel für die Nase. Also unbedingt auf die Echtheit dieser Produkte achten. Mit der Auswahl der einzelnen Öle kann natürlich die Bestimmung der Kerzen unterstrichen werden, wie z.B. die Wirkung einer Schutzkerze mit Lavendelöl gefördert werden kann. Dazu wird sie von der Mitte aus langsam nach oben und unten gesalbt, wobei man sich auf die Person oder den Verwendungszweck konzentriert. Anschließend legt man beide Hände auf die Kerzen und überträgt so die eigene Energie. Achten Sie darauf, dass die Daumen sich berühren.

Sollten Sie die angeführten Kräuteröle als Badezusätze verwenden, genügen schon ein bis zwei Tropfen, um die Zauberkraft im warmen Badewasser wirken zu lassen. Informieren Sie sich aber vorher, ob die verwendeten Öle vom Hersteller allergiegetestet und zur äußerlichen Anwendung (z.B. als Massageöl) geeignet sind, damit unangenehme Hautreaktionen nach dem Bad ausbleiben. Obwohl sie ungiftig und nicht hautreizend sind, sollten Sie doch auf Weihrauch- und Zedernöl als Badezusatz verzichten.

Öle für die Kerzensalbung und als Badezusätze

Weihrauch:	ehrt die Götter, reinigt und schützt vor negativen Schwingungen, erhöht die Sinnlichkeit
Lavendel:	verstärkt den Schutzfaktor
Rose:	für alle Liebesrituale, steigert die Anziehungskraft, sexuelles Begehren und Begehrtwerden
Jasmin:	reine Herzensliebe (ohne körperl. Begehren)
Patschuli:	stark wirkendes Liebesöl, das erotische Gefühle aufkommen lässt
Moschus:	sehr stark sexuell anregend
Ingwer:	stärkt die Sinne und das Verlangen, wirkt erfrischend und anregend
Zimt:	wärmt von innen, beruhigt, wird für Liebesrituale verwendet
Zeder:	verstärkt die Wirkung aller Öle
Sonnenblume:	alles, was sich durch liebevolle Zuwendung vermehren soll
Olive:	wenn kein anderes Öl zur Verfügung steht, neutrale Anwendung

Als weitere Badezusätze können Sie auch die in Kapitel 2 angeführten Kräuter und Blüten verwenden, um die Kraft der Zauberei zu verstärken. Richten Sie sich dazu kleine, ca. 10 x 10 cm große Leinensäckchen zurecht, die natürlich von Hexenhand selbst genäht sind. Füllen Sie diese Säckchen mit den Kräutern und Blüten Ihrer eigenen Wahl und lassen Sie das Badewasser darüber fließen. So nutzen Sie das Wasser als Leit- und Energieträger optimal aus. Sie können aber auch die unterstützenden Ingredienzen direkt ins Badewasser legen. Es ist schließlich auch ein Hochgenuss, in weißen und roten Rosenblättern zu baden.

MIT DÜFTEN INS REICH DER SINNE

Eine wirkungsvolle und schöne Methode ist es, mit ätherischen Ölen einen Raum zu aromatisieren. So wie Blumen und Blüten durch bestimmte Düfte Insekten anlocken oder sich vor Räubern und Schädlingen, ja sogar vor Krankheiten schützen, setzt die genießerische Hexe bestimmte Gerüche ein, um eine anregende, heilende oder erotisierende Energie zu gewinnen. Ätherische Öle können eine tiefe Entspannung auslösen, sodass der Körper auf einen guten Gesundheitszustand programmiert und psychische Schwierigkeiten abgebaut werden können.

Bewährt haben sich für

geistige Liebe:
5 Tropfen Rosenwasser,
2 Tropfen Rosmarinöl
oder *5 Tropfen Rosenwasser,*
2 Tropfen Lavendel

erotisierende Stimmung:
2 Tr. Geranien, 2 Tr. Sandelholz,
1 Tr. Jasmin
oder *2 Tr. Sandelholz,*
1 Tr. Neroli, 2 Tr. Ylang-Ylang

sexuell anregende Stimmung:
2 Tr. Moschus, 1 Tr. Myrrhe,
1 Tr. Zibet, 2 Tr. Rosenöl

Entspannung:
5 Tr. Rosenholz, 4 Tr. Sandelholz,
3 Tr. Grapefruit

oder *2 Tr. Lavendel,*
2 Tr. Geranie, 2 Tr. Weihrauch

Beruhigung:
2 Tr. Bergamotte, 2 Tr. Lavendel,
1 Tr. Orange
oder *1 Tr. Basilikum,*
2 Tr. Zedernholz, 1 Tr. Lavendel,
2 Tr. Melisse

frische anregende Luft:
1 Tr. Basilikum, 1 Tr. Minze,
2 Tr. Limone
oder *2 Tr. Orange, 2 Tr. Zitrone,*
1 Tr. Minze

Erfolg:
2 Tr. Basilikum,
2 Tr.Pfefferminze

bei Kopfschmerzen:
1 Tr. Anis, 2 Tr. Lavendel,
2 Tr. Pfefferminze
oder
2 Tr. Eukalyptus, 1 Tr. Melisse,
1 Tr. Rosmarin

bei Magenproblemen:
2 Tr. Basilikum, 2 Tr. Fenchel,
1 Tr. Zitrone
oder *2 Tr. Ingwer, 1 Tr. Kümmel*

bei Husten:
2 Tr. Eukalyptus,
2 Tr. Pfefferminze, 1 Tr. Thymian
oder *1 Tr. Kamille,*
2 Tr. Lemongras, 1 Tr. Ysop

Herz mit roten Rosen

Auch ein Rosenherz eignet sich
für zauberhafte Duftreisen der Sinne ganz vorzüglich.
Die Arrangements treffen Sie so:

Die schönste Liebeserklärung ist ein Herz aus roten Rosen.

1 Stecken Sie das Herz aus Steckmasse flach mit
Brombeerblättern und Moos aus. Mit einem Holzstäbchen
können Sie Löcher vorstechen.

2 Von der Mitte aus stecken Sie Rosenblüten, Hortensien,
Rispen mit Brombeeren und Fliederbeeren flach ins Herz.

Wünschen Sie sich von Ihren Freunden zu einem
bestimmten Anlass eine Duftlampe oder beschen-
ken Sie sich selbst damit. Gehen Sie mit den
verwendeten Ölen sparsam um, denn zu hohe
Dosierungen können innere Unruhe, Schweiß-
ausbrüche oder Kopfschmerzen auslösen. 2–6
Tropfen genügen vollkommen, um die Luft eines
Raums von 50 m³ als Energieträger zu nutzen.
Da es sehr kompliziert ist, durch Dampfdestillation
oder Enfleurage (ölige Auszüge) ätherische Wirkstoffe zu gewinnen, ist es sinnvoller, die benötigten
Duftsorten im Fachhandel zu besorgen und sich
selbst ganz individuelle Geruchsmischungen in der
Aromalampe zu mixen. Vergessen Sie nicht, dass
Duftöle nur für die Aromatisierung der Luft geeignet sind und unter gar keinen Umständen einge-
nommen werden dürfen.

3 Zum Schluß können Sie die Ranken der wilden Wicke
und Brombeerranken schwungvoll um und über das Herz
stecken und mit Draht fixieren.

19

Die wichtigsten Zauberrituale und Zaubersprüche

REINIGUNG DES MAGISCHEN HEXENZUBEHÖRS

Mit Ausnahme des Buches müssen alle Gegenstände zuvor gesäubert und „hexentauglich" gemacht werden. Dazu waschen Sie sie unter reinem, fließendem Wasser, damit Negativschwingungen weggespült werden. Anschließend stellen Sie die abgetrockneten Utensilien in einer Neumondnacht ins Freie, damit sie sich mit neuer kosmischer Energie aufladen können.

Stets bezaubernd – die Rose. Mit ihren Blättern fördert sie den Liebeszauber.

DAS REINIGENDE BAD

Bevor die moderne Hexe ihr Werk beginnt, reinigt sie auch ihren Körper und nimmt vielleicht ein entspannendes Bad. Aber auch eine Waschung erfüllt diesen Zweck. Das warme Wasser, Meersalz, verschiedene Kräuter und Öle entspannen nicht nur auf angenehme Weise Körper und Geist, sondern verstärken auch die Energie eines Rituals. Zum Beispiel unterstützen Rosenblätter den Liebeszauber. Selbst der Wochentag, an dem gebadet wird, kann für den Zauber bedeutend sein.

Montag: dient der *geistigen Reinigung*, um die Mitte zu finden. Der klaren Mondgöttin als Jungfrau Artemis, Herrin der Wildnis geweiht.

Dienstag: steht für das *Ergreifen der Initiative* im Liebesleben und Vermehrung des Lebensmuts. Für Göttin Isis, Regentin der Naturkräfte, Meisterin der Magie.

Mittwoch: eignet sich für die *Kommunikation* und Transformation bzw. zur eigenen Weiterentwicklung. Geehrt wird Hygieia, die Göttin der Gesundheit.

Donnerstag: verstärkt Rituale, die den *Reichtum* und das Geld vermehren sollen. Soll aber auch dazu beitragen, um gut organisiert zu sein. Die Göttin des Abendhimmels Nut wird an diesem Tag mit dem Bad gerufen.

Freitag: dient der *Erholung*, der Entspannung und dem Genuss. Fördert die Ausgeglichenheit und die Liebe. Geweiht ist dieser Tag der Liebesgöttin Aphrodite.

Samstag: ist das Bad der Göttin Trivia gewidmet (Beiname der Göttin Hekate, Herrscherin der Dunkelheit und Beschützerin aller Hexen) und steht für alles, was das *Wohlbefinden* fördert.

Sonntag: das Bad der *Liebe*, für Körper, Herzensliebe und Seele, hebt die Lebenskraft und ehrt die Mondgöttin der weiblichen Ganzheit Inanna.

Die moderne Hexe ist aber beispielsweise nicht nur am Donnerstag gut organisiert und nützt die Gunst der Stunde. Liegt sie genüsslich in der Badewanne, wird der Geruchssinn mit ätherischen Ölen, Kräuter- und Blütendüften stimuliert und umschmeichelt, so verwöhnt sie ihren Gaumen mit einem Schluck Holundersekt – dem reinigenden Ritualgetränk schlechthin (siehe Seite 58). Damit vertreibt sie alle trüben Gedanken und unangenehmen Gefühle aus der Vergangenheit.

Wie die schaumgeborene Venus steigt sie aus dem Wasser und beginnt mit frohem Herzen ihr Werk. Denn wie jeder, der sich heute mit der Hexenkunst, alten Riten und geheimnisvollen Bräuchen auseinandersetzt, ist sie auf der Suche nach sich selbst und den verborgenen Kräften des menschlichen Geistes.

REINIGUNG DES ARBEITSPLATZES

Klar im Geist, mit gereinigtem Körper, im Bewusstsein gestärkt und wissend, was sie tatsächlich will, schreitet die moderne Hexe zur Tat. Dazu begeben Sie sich auf Ihren ausgesuchten Energieplatz und ziehen mit dem Ritualmesser einen imaginären *Kreis im Uhrzeigersinn* auf dem Boden (ca. 1–2 m Durchmesser) um sich selbst herum, wenn kein eigener Raum für das Hexen zur Verfügung steht. Im Hexenstübchen wird lediglich um die Arbeitsfläche auf dem Altar die Rundung gezogen. Dann kennzeichnen Sie den gezogenen Energiekreis mit *Meersalz* und sprechen dazu zwei *Schutzformeln*, eine für den Ort und eine für sich selbst.

SCHUTZFORMEL FÜR DEN ORT UND FÜR SICH SELBST

Mit dem Salz weihe und segne ich diesen Kreis!
Ich bitte die Hohen Mächte, nur das Gute
an mich heranzulassen, das andere leitet bitte ab
ins endlos schwarze Loch!
Oder:
Ich beschwöre dich, o Kreis der Kraft,
sei ein Schutzring für mich und mein Anliegen.
Hekate, Göttin der Dunkelheit
höre mein Flehen, sei mir ein Schutzschild
gegen alles Schlechte und Böse!
Und:
Ich allein bin Herrin meiner Gedanken, Gefühle,
Worte und Werke. Niemand und nichts kann mich
– egal auf welcher Bewusstseinsebene –
jemals beeinflussen. Das ist so und wird auch
in Zukunft nicht anders sein.

Stellen Sie sich eine kosmische Energiequelle vor, die sich vom Zentrum des Raumes oder des Platzes aus über die gesamte Fläche ausbreitet und alles mit hellem Licht erfüllt.

Wie die wachsenden Ringe von Regentropfen über die glatte Wasseroberfläche ziehen, erfüllt das Licht die Kultstätte für Ihre Hexenpraxis.

Denken Sie sich im Geist eine Pyramide darüber. Nun entzünden Sie auf dem Pentakel oder dem Teller, der im Norden des Kreises steht, eine weiße Kerze für den Altar und Weihrauch in der Schale, um die Götter zu ehren und ihnen für die empfangene Zauberkraft zu danken.

Welche Kräuter man auch immer verwendet, ein kleiner Teil wird hier mit Weihrauch als Opfergabe für die Gottheiten verbrannt.

Bis zu dieser Handlung ist das Ritual für alle Zauberarten gleich, ebenso das Abschlussritual, das jeden Zauber beschließt.

Abschlussritual

Nachdem Sie Ihr Anliegen vorgebracht haben, verweilen Sie noch einen Augenblick in der Stille. Bitten Sie die Höheren Mächte:

Lasst meine Arbeit gute Früchte tragen!

Dann nehmen Sie den Kelch zur Hand, den Sie vor der Zeremonie mit Wein oder Wasser gefüllt haben, geben einige Tropfen davon auf den Teller für die Gottheiten und trinken den gesamten Inhalt auf ihr Wohl.

Sprechen Sie anschließend ein kleines Gebet, aber schließen Sie *nicht* mit „Amen" ab. Nun löschen Sie die Kerzen aus, der Inhalt der Weihrauchschale wird zu Asche verbrannt. Mit dem Ritualmesser lösen Sie den magischen Kreis *gegen den Uhrzeigersinn* auf.

Wenn schließlich Weihrauch und Kräuter vollkommen verbrannt sind, geben Sie die Asche in ein kleines Säckchen, verknoten es mit einer Kordel (in der Farbe der verwendeten Kerzen) dreimal und werfen es in einen kleinen Bach oder ein anderes Gewässer. Sollte dies nicht möglich sein, übergeben Sie die Überreste Ihrer Wunschzeremonie dem Element Luft – nämlich dem Wind.

ZAUBERRITUALE UND ZAUBERSPRÜCHE FÜR EINEN BESTIMMTEN ZWECK

Für Gesundheit

„Gesundheit ist zwar nicht alles, aber ohne Gesundheit ist alles nichts", formulierte schon der lebenserfahrene Arthur Schopenhauer mit philosophischem Weitblick. Auch jüngste Umfragen belegen: 90 % aller Befragten sehen in der Gesundheit ihr wertvollstes Gut. Mit Magie können Sie viel dafür tun. Hier die wichtigsten Utensilien:

Auf einem Tisch – Ihrem Altar – breiten Sie eine gelbe Tischdecke aus und stellen zwei weiße Kerzen und eine gelbe Ritualkerze darauf. Dann legen Sie auf den Tisch Ihren Wunschzettel, auf dem Sie alles genau notiert haben, was Sie sich für Ihre oder die Gesundheit anderer dringend erhoffen. Ölen Sie die beiden Kerzen mit Sonnenblumenöl, dem man besondere Heilwirkung zuspricht, ebenso die Ritualkerze. Entzünden Sie die Holzkohle in Ihrem Räuchergefäß, geben Sie etwas Weihrauch dazu und stellen Sie die Ritualkerze davor. Dann zünden Sie die Kerzen an, nehmen die Ritualkerze in die Hand und sprechen:

Große Göttin Isis, die du den Tod
überwunden hast
und die Spenderin unserer Gesundheit bist.
Bitte stehe mir bei und verleih' mir
Deine ganze Kraft,
damit meine Gesundheitswünsche
in Erfüllung gehen.

Dieses Ritual führen Sie hintereinander an sieben Sonntagen am besten abends zwischen 21.00 und 22.00 Uhr durch.

Für den Liebeszauber

Verwenden Sie neben der weißen Kerze für den Altar eine rote Kerze für die Liebe, eine Kerze für den Angebeteten und eine für sich selbst in den jeweiligen Monatsfarben. Binden Sie um beide Kerzen ein rotes Band und zünden alle Kerzen an, streuen Sie rote Rosenblätter und Kräuter (siehe „Pflanzen für den Liebeszauber" Seite 35) nach eigener Wahl für die Liebe im Uhrzeigersinn in den magischen Kreis und sprechen dabei:

Göttin der Liebe, Göttin der Nacht
Göttin des Mondes höre mein Rufen.
Wecket die Sehnsucht (Name des Angebeteten)
mit ganzer Macht,
fange ihn ein mit deinem Mondenschein,
er soll auf ewig das Klare unserer Liebe sein!
Oder:
Ich sende (Name) meine reine Liebe,
die aus dem Herzen kommt.
Ich wünsche mir, dass meine Zuneigung
von ihm erwidert wird.
Unsere Liebe wird uns für immer verbinden.

Jeder Zauberspruch wird dreimal wiederholt. Als Dank für die Unterstützung der Götter träufeln Sie einige Tropfen Rosenöl auf die Weihrauchkörner und beenden den Zauber mit dem beschriebenen Abschlussritual.

Für den richtigen Lebenspartner

Neben der weißen Kerze für den Altar und einer roten Kerze für die Liebe binden Sie um die Kerze für sich selbst und die weiße Kerze für den noch unbekannten Partner ein weißes Band, zünden Sie alle Kerzen an und streuen weiße Rosenblätter und Thymian für den Erfolg, Jasmin für die Sinnlichkeit in den magischen Kreis und sprechen dazu:

Ich spüre, es wendet sich mir ein Mann zu,
der zärtlich, gescheit, gesund und gerecht ist.
Das Gefühl der Liebe, der Freiheit,
der Hochachtung und Wertschätzung wird uns
verbinden. Ich freue mich auf ihn.

Für den finanziellen Erfolg

Dazu benötigen Sie eine weiße Kerze für den Altar, eine für sich selbst und eine maisgelbe Kerze für den Wohlstand. Verwenden Sie Thymian für den Erfolg, Zimt und Johanniskraut für die Beständigkeit und streuen diese Kräuter in den magischen Kreis. Dann nehmen Sie Sonnenblumenkerne, geben diese im Uhrzeigersinn dazu und sprechen:

Alles, was ich mit Liebe mache,
wird guten Ertrag bringen.
Alle finanziellen Tore stehen für mich offen,
alle Wege zu mir sind frei,
unendliche Fülle breitet sich um mich aus.

Um Ihrem Wunsch Nachdruck zu verleihen, geben Sie eine Münze in den linken Schuh und beenden auch diesen Zauber mit dem Abschlussritual.

Für den Erfolg im Berufsleben

Um schließlich mit Hilfe der weißen Magie auch den beruflichen Erfolg dauerhaft sicherzustellen, verwenden Sie eine weiße Kerze für den Altar, eine blaue und grüne Kerze für den Erfolg und eine Kerze für sich selbst. Verwenden Sie Eichenblätter für die Standfestigkeit, Thymian für den Erfolg, Salbei für gesunden Ertrag und Muskat für würzigen Reichtum, der Ihren beruflichen Erfolg krönen soll. Anfangs- und Abschlussritual bleiben gleich wie beschrieben. Sprechen Sie dreimal die Zauberformel:

Glück ist mir beschieden,
Erfolg ist mir beschieden,
Reichtum ist mir beschieden.
Ich segne
und ich segne alles,
was mir begegnet
und nenne es
gut, gut, gut!

Für ein glückliches Leben

Zünden Sie nach dem Anfangsritual eine weiße Kerze für den Altar, eine Personenkerze für sich selbst in der entsprechenden Farbe des Geburtsmonats (siehe Tabelle) und eine maisgelbe Kerze an. Verwenden Sie Salbei, Johanniskraut, Eiche und Zimt. Sprechen Sie dreimal:

Ich ziehe all das in mein Leben,
was ich brauche,
um glücklich zu sein!

STEINE ALS ENERGIETRÄGER

Nicht nur Pflanzen und Öle, auch Steine haben eine dynamische Schwingung und können hilfreich bei verschiedenen Ritualen eingesetzt werden. Wenn Sie den Stein immer mit sich führen, der Ihrem Sternzeichen zugeordnet ist, wird er Ihnen Kraft spenden. Als so genannter „Handschmeichler" vertreibt er leicht Nervosität und kann unter Umständen durch die Bewegung in der Hand über die Reflexzonen der Handinnenfläche stimulierend auf Ihre Psyche und das Immunsystem wirken.

Wenn Sie wissen, in welchem Zeichen die Person geboren wurde, die das Ziel Ihres Zaubers ist, legen Sie den passenden Stein zu der entsprechenden Kerze auf den Altar.

Wenn Sie auf einen Stein wie hier vertrauen,
der Ihrem Sternzeichen zugeordnet ist,
wird er Ihnen Kraft spenden.

Widder 21.03. – 20.04.
Hämatit, Feueropal, Granat, roter Turmalin,
roter Jaspis, Carneol

Stier 21.04. – 21.05.
Achat, Aventurin, Saphir, Malachit,
Rosenquarz, Citrin

Zwilling 22.05. – 21.06.
Gelber Karneol, Bernstein, Bergkristall, Citrin

Krebs 22.6. – 22.07.
Jaspis, Aventurin, Jade

Löwe 23.07. – 23.08.
Bernstein, Tigerauge, Rubin, Diamant,
Kristall, Citrin

Jungfrau 24.08. – 23.09.
Tigerauge, blauer Saphir, Bernstein, Citrin

Waage 24.09. – 23.10.
Chrysokoll, Jaspis, Rosenquarz,
rosa Turmalin, Jade

Skorpion 24.10. – 22.11.
Hämatit, roter Jaspis, Rubin, Granat,
schwarzer Opal

Schütze 23.11. – 21.12.
Sodalith, Chrysokoll, Saphir

Steinbock 22.12. – 20.01.
Onyx, Turmalin, Diamant, Kristall, Lapislazuli

Wassermann 21.01. – 19.02.
Türkis, Chrysokoll, hellblauer Saphir,
Amazonit, Aquamarin

Fische 20.02. – 20.03.
Koralle, Türkis, Amethyst, Jade, Fluorit, Saphir

DIE MAGIE DER ZAHLEN

Verschlüsselte Informationen und Auskünfte über
das Wesen einer bestimmten Person geben auch
Geburtsdaten oder Autonummern, Hausnum-
mern, Telefonnummern. Zählen Sie die Ziffern
einfach zusammen:

$$9 + 8 + 7 + 5 = 29 = 2 + 9 = 11 = 1 + 1 = 2$$

1 = Wille, starke Persönlichkeit, ehrgeizig,
ehrlich, aktiv, Siegertyp

2 = Wissen, Bewusstsein, Klarheit,
diplomatisch, bodenfest, rücksichtsvoll,
genial, intuitiv

3 = Gemeinschaft, Zweisamkeit, Fleiß, offen,
beschwingt, humorvoll, gesellig

4 = tatkräftiger Typ, Realist,
guter Organisator, Kreativität, zuverlässig,
ausdauernd, pünktlich, diszipliniert

5 = Idealist, Güte, Offenheit, risikofreudig,
sprachbegabt

6 = Kraft (Triebkraft), Mut, Entschlossenheit,
gewissenhaft, optimistisch, kämpferisch

7 = Bewusstsein, Lehrfähigkeit, künstlerisch,
zurückhaltend, für andere sorgend

8 = Gerechtigkeit, Dankbarkeit,
Ruhe, kunstliebend, genusssüchtig,
erfolgreich

9 = Weisheit, Geist, Denken, Herzensbildung,
Dynamik, geachtet, hellsichtig, hilfsbereit,
Reisen, Dynamik

0 = nur die „Nullen" haben keine Ecken

Magische Symbole

Magische Symbole sind Zeichen für eine enorm starke Energie und tiefes Wissen. Mit dieser Zeichen- und Bildersprache können Sie als kreative Hexe nicht nur leichter mit Ihrer Intuition, Imagination und Konzentration arbeiten und das Bewusstsein verändern, sondern auch Kraft auf ganz Persönliches und Alltägliches übertragen. Schmücken Sie Bücher, Steine, Hexenzubehör, Schals, Kleidungsstücke, ja sogar Ihr ganzes Haus damit. Die einfache Schönheit dieser Zeichen spricht für sich. Wählen Sie das passende Sinnbild für sich selbst und Ihr Vorhaben aus.

Jeder Mensch kann lernen, die unerschöpflichen kosmischen Kräfte für sich zu nutzen, ganz gleich, welchen Weg er geht, welche Mittel er für sich in Anspruch nimmt.

KREIS

Linie ohne Anfang und Ende. Die Unendlichkeit wird damit ausgedrückt. Er kann Sonne und Mond, Wasser und Feuer, Geist und Gefühl verkörpern – je nach Verwendungszweck. Außerdem konzentrieren sich die Kräfte auf das Innere dieses Zeichens. Als Schutzkreis beim Hexen ebenso unverzichtbar wie als Verbindungsring, der alles zusammen hält, was zusammen gehört.

SICHELMOND

Symbol der Magie und weiblichen Energie. Wachstum und geheime Kräfte der Natur werden damit angezogen. Der Sichelmond kann sowohl als zunehmender, und wenn Sie das Zeichen spiegelgleich verwenden, auch als abnehmender Mond zum Einsatz kommen – je nach dem, was Sie benötigen: aufbauende oder regenerierende Kraft.

ANKH (HENKELKREUZ)

Das Kreuz mit der Schleife steht für das Leben und das kosmische Wissen. Hilft bei Weissagungen. Ist auch Kennzeichen einer starken Frau.

SPIRALE

Wird die Linie dieses dynamischen Ornaments von außen nach innen gezogen, bedeutet es, dass die Kraft und die Konzentration zum Mittelpunkt geleitet wird – zum wesentlichen Sinn einer Sache. Beginnt man dieses Zeichen von der Mitte nach außen hin, symbolisiert es die alles überstrahlende Kraft. Wissen und Energie werden vermittelt. Denken Sie dabei auch an Ihre Kräuterspirale.

DREIECK

Zeigt die Spitze des Dreiecks nach oben, symbolisiert es Geist und die männliche, aktive Kraft. Nach unten hängend weist es auf das Bodenständige und die Materie hin. Fruchtbarkeit und Realitätssinn stecken ebenso in diesem Zeichen. Wie Mars und Venus, Aktivität und Genuss, Geist und Materie stehen sie zueinander.

SPIEGEL SALOMOS

Zwei ineinander greifende Dreiecke stellen die menschliche Seele dar, das männliche und weibliche Prinzip in einem. Weisheit und Stärke wollen damit ausgedrückt werden. Bei allen Zeremonien der Hexe ein *Muss!* Außerdem schützt es vor Gefahren auf Reisen und begünstigt schwierige Verhandlungen.

PENTAGRAMM

Dieses Zeichen ist das stärkste und wichtigste Symbol in der Magie und wird auch Drudenfuß genannt. Der Fünfstern im Kreis stellt alle vier Elemente – Erde, Feuer, Wasser und Luft – dar. Die nach oben gerichtete Spitze symbolisiert den

Geist, der die Materie lenkt. Achten Sie unbedingt darauf, dass die Spitze nicht nach unten zeigt. In diesem Fall würde es damit die schwarze, unheilvolle Magie ausdrücken.

AUGE DES HORUS

Dieses altägyptische Symbol steht im heutigen Hexenkult für die hellseherischen Kräfte. Es besagt: Gott Horus wacht als drittes Auge über diejenigen, die mit diesem Zeichen um spirituellen Schutz beim Arbeiten mit der Intuition bitten.

Voraussetzungen für Magie und Analogien

Wie bei einer Waage, die auch ungleiche Gewichte anzeigt, ziehen negative Gedanken nach unten und stören unser Wohlbefinden. Halten jedoch unser Bewusstes und Unbewusstes nach bestimmten Analogien die Waage, wirken auch Körper und Geist im magischen Akt richtig zusammen. In der rechten Spalte finden Sie die wichtigsten Analogien als Fundament der Magie.

Die Analogien sind nach den Wünschen Gesundheit, Liebe und Erfolg zusammengestellt:

➤ Heilung und Gesundheit
➤ Bannung und Schutz
➤ Intuition und Vitalkraft
➤ Harmonie und Liebe
➤ Glück und Lebensfreude
➤ Imagination und Wille
➤ Erfolg in Beruf und Alltag

Magische Rituale MIT PFLANZEN

BLÜHENDE UND DUFTENDE KRÄUTER
VERSCHÖNERN DAS HEXEN-AMBIENTE,
IHRE WIRKUNG DIENT
ZUR VERSTÄRKUNG DES RITUALS.

Hexe Mable

Zauberhafte Pflanzkombinationen

SCHUTZMASSNAHMEN
MIT „GRÜNEN BODYGUARDS"

Damit Ihr Zuhause von allem Übel und negativen Schwingungen verschont bleibt, hängen Sie über die Eingangstür einen großen Mistelzweig. Als Schmarotzerpflanze benötigt die Mistel Negativsubstanzen, um ihre eigenen Vitalstoffe aufbauen zu können. Daher wird jeder Besucher, der die Türschwelle überschreitet, regelrecht von dieser Pflanze nach destruktiven Spannungen abgetastet. Wird sie fündig, saugt sie wie ein Staubsauger alles in sich auf und neutralisiert auf diese Weise das so genannte Böse.

Sie können aber auch eine Zitrone zusammen mit einer Peperoni mit einem starken Band auffädeln und über dem Eingangsbereich befestigen. Wenn die Früchte braune Flecken bekommen, sind sie wie ein vollgesaugter Schwamm mit Negativität gefüllt und müssen ersetzt werden. Sie werden merken, wie unterschiedlich lange der Fäulnisprozess andauert. Je nachdem, wer bei Ihnen ein und aus geht.

Sicher und glücklich kann sich nur fühlen, wer ausreichend geschützt ist. Für Schutz sorgen die richtigen Pflanzkombinationen.

Blumenstraußkombinationen erfreuen nicht nur das Herz, sondern haben eine Doppelfunktion: Mistelzweige, zusammen mit Lavendel und Schafgarbe, mit einem weißen Band befestigt, sorgen vom Wohnzimmertisch für eine „cleane" Atmosphäre und Schutz von innen.

Harmonie hingegen verströmt der Blumenstrauß, der aus weißen und roten Rosen, Mistelzweigen

Eine Blumenstraußkombination wie hier erfreut nicht nur das Herz, sondern sorgt auch für eine gute Atmosphäre und Schutz von innen.

und Immergrün mit einem weißen Band zusammengehalten wird. Den Erfolg unterstützen gelbe Rosen, Wacholderzweige, Eichen- und Eschenblätter mit Lavendel zu einem Strauß gebunden. Ein schönes gelbes Band hält diese dekorative Kombination zusammen.

Rote Rosen sind natürlich für die Liebe reserviert. Zusammen mit Rosskastanienzweigen, Birkenzweiglein und Lavendel werden sie mit Weidenruten festgehalten. Vereinzelt zartrosa Rosen dazu gemischt unterstreichen die Sinnlichkeit.

Ob Sie Blumen in einer ganz besonderen Absicht verschenken oder sich selbst damit verwöhnen, Sie werden auf jeden Fall Freude daran haben, die Sie ihrerseits verzaubert.

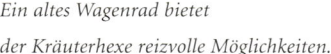

Ein altes Wagenrad bietet
der Kräuterhexe reizvolle Möglichkeiten.

KRÄUTERZUCHT DER MODERNEN HEXE

Natürlich kann die moderne Hexe von heute alle benötigten Kräuter und Pflanzen im einschlägigen Fachhandel kaufen oder aus dem Reformhaus beziehen. Sie kann aber als qualitätsbewusste Frau auch selbst darauf achten, die zum Hexen notwendigen Zutaten gartenfrisch im Haus zu haben und einen eigenen Kräutergarten anlegen. Es müssen ja nicht gleich die Hängenden Gärten der Semiramis sein ... Einige Quadratmeter Gartenbeet oder ein Balkon mit einigen schönen Pflanzgefäßen genügen schon. Mit den heranwachsenden Pflanzen verbindet sich die Hexe mit den Wundern und Kräften der Natur. Sie selbst ist ebenfalls Teil der Schöpfung und auch in ihr schlummert diese Energie. Sie muss sich ihrer nur bewusst werden. Steht Ihnen für die Kräuterzucht ein Garten zur Verfügung, können die Gemüsebeete mit passenden Pflanzen umrandet werden. Sie können aber auch eine *Kräuteruhr* anlegen. Dazu benötigen Sie ein quadratisches oder rundes Blumenbeet, das wie eine Uhr in zwölf gleiche Teile gegliedert wird. Hilfreich dazu sind zwei Stöcke, die mit einer entsprechend langen Schnur miteinander verbunden sind. Ein Stock wird am oberen Rand – zum Beispiel bei der 12-Uhr-Stellung in der Erde befestigt, der zweite wird gegenüber, also in der 6-Uhr-Stellung, im Boden verankert. Die gespannte Schnur zeigt die Unterteilung an. Man kann die Trennungslinie mit Steinen markieren oder mit Kies einen kleinen Weg auslegen: das Platzangebot ist hier ausschlaggebend. Dies wiederholt man nun von der 9-Uhr-Position zur 3-Uhr-Stellung usw., bis zwölf gleich große Abschnitte entstanden sind. Das Zentrum, in dem alle Linien zusammenlaufen, können Sie mit einem größeren Stein betonen. Aber auch ein altes Wagenrad wie auf Seite 31 zu sehen ist, eignet sich dafür bestens. Je nachdem, in welchem Monat die Blütezeit der Pflanzen beginnt, werden diese in das entsprechende Stundenfeld eingesetzt.

Ein Beispiel: Johanniskraut blüht im Juni, daher ist der Standort das sechste Feld für den Juni.

Mit dieser Methode kann die Hexe sozusagen nie den Überblick verlieren oder gar ein für sie wichtiges Kraut oder Blumen vergessen. Sorgfältig planen Sie bereits im Herbst den Jahresbedarf und suchen sich die gewünschten, magischen Kräuter für Ihre persönliche Kräuteruhr aus.

TIPP

Hexen, die den Zauber frischer Kräuter zu schätzen wissen, ziehen sie am liebsten selber. Wenn Sie keinen eigenen Garten haben, lassen sich Kräuter auch vorzüglich auf der Fensterbank kultivieren. Dort gedeihen sie unter günstigen Bedingungen – ausreichend Wärme, Licht und Nährstoffe – ebenso prächtig wie im Freiland. Sie stehen dann immer in Ihrer Reichweite und aromatisieren die Raumluft für die Hexenpraxis. Durch geschicktes Arrangement können Sie damit sogar kleine Kunstwerke schaffen.

Pflanzeneinteilung für den Monat

Januar: Efeu, Schneerose, Schneeglöckchen

Februar: Schneeglöckchen, Krokus,
Schlüsselblume

März: Schlüsselblume, Huflattich,
Brennnessel

April: Rosmarin, Immergrün, Vergiss-
meinnicht

Mai: Thymian, Spitzwegerich, Salbei,
Kamille, Maiglöckchen, Baldrian

Juni: Schafgarbe, Ringelblume,
Pfefferminze, Gewöhnlicher
Steinklee, Johanniskraut, Lein
(Flachs), Kamille

Juli: Wegwarte, Bohnenkraut,
Fenchel, Lilien, Lavendel,
Sonnenblumen

September: Kamille, Tausendgüldenkraut,
Bohnenkraut, Astern

Oktober: (späte) Schafgarbe, Lorbeer,
Astern

November: Chrysantheme,
Wermut (Erntezeit),

Dezember: Efeu

Ein duftender, bunter Kräutergarten.

Für die Bepflanzung der Kübel auf Balkon oder Terrasse eignet sich hervorragend *Thymian,* da er mit seinen kleinen, violetten Blüten unzählige Bienen und Schmetterlinge anlockt. Der feine Duft der Blüten zieht auch in die angrenzende Wohnung. Die gelb bis orange leuchtenden Blütenköpfe der Ringelblumen strecken sich selbst im Blumenkistchen der Sonne entgegen. Dankbar für eine gute Pflege im abgelaufenen Sonnenjahr samen sie im Herbst derart reichlich aus, dass Sie für das darauf folgende Jahr keinen Samen für die Aussaat kaufen müssen.

Als Bonsai-Ausführung lässt sich auch ein *Wacholderstrauch* im Topf halten. *Lavendelstöcke* bieten sogar einen leichten Sichtschutz vor allzu neugierigen Nachbarn. Können Sie aber einen Platz von mindestens 70 x 70 cm im Garten, auf Balkon oder Terrasse für Pflanzen reservieren, so gönnen Sie sich den Luxus einer *Kräuterspirale*. Diese außergewöhnliche Kleinkräuteranlage ist eine reizvolle Herausforderung und bietet auf wenig Raum doch einigen Pflanzen einen fruchtbaren Nährboden.

Organisieren Sie sich eine Holzkiste in der entsprechenden Größe des bereitgestellten Platzes, legen die Kiste mit einem Vlies oder perforierter Folie aus und füllen diese mit guter Blumenerde bis zum Rand. Häufen Sie nun mit einigen faustgroßen Steinen einen Hügel in der Mitte auf und bedecken diesen reichlich mit Erde. Drücken Sie mit den Händen die Erde fest an. Legen Sie nun von unten beginnend nach oben aufsteigend eine Spirale mit größeren Steinen auf, die Sie bei Spaziergängen durch Wald und Flur gesammelt haben. Wenn Sie diese Steine mit Ihren ganz persönlichen Hexensymbolen (siehe Seite 26) kennzeichnen, weiß jedermann/frau, dass es sich hier um eine ganz besondere Pflanzenanlage handelt. Die Steine sind nicht nur eine hübsche Dekoration, sondern speichern tagsüber auch die Sonnenwärme und geben sie über Nacht langsam an die Pflanzen weiter. Wählen Sie nun nicht allzu hoch wachsende Pflanzen aus. Wie wäre es mit Thymian an der Spitze, Gartensalbei, Kamille, Spitzwegerich, Bohnenkraut, Ysop, Wermut, nach unten hängend Kapuzinerkresse. Ihrer Phantasie sind dabei keine Grenzen gesetzt.

Benutzen Sie auch die Wände Ihres Balkons für den Kräuterzauber und bauen Sie dort eine *Kräuterleiter*. Besorgen Sie eine Sprossenleiter aus Holz oder Aluminium und befestigen diese ordentlich an der Mauer. Haken müssen mit Dübeln in der Wand verankert werden. Bedenken Sie das Gewicht, das durch den starken Pflanzenwuchs und die feuchte Erde ja ständig zunimmt. Wählen Sie nun Ihre Lieblingskräutersorten aus und topfen diese entweder als Setzlinge ein oder legen Samenkörner in die mit nährstoffreicher Erde befüllten Blumentöpfe. An jeder Sprosse der Leiter können bis zu drei Blumentöpfe mit einer Metallspange befestigt werden. Auch ein dünneres Schiffstau leistet gute Dienste.

Ganz oben soll natürlich wieder Thymian für den Erfolg thronen. Neben Rosmarin, Lavendel und Kamille findet auch Basilikum den richtigen Platz. Wenn Sie das Gießen nie vernachlässigen, können sogar Sonnenblumen im Topf prächtig gedeihen. Probieren Sie es aus!

Kräuter gedeihen auch in Kästen und Töpfen prächtig.

Pflanzenporträts

PFLANZEN
FÜR DIE GESUNDHEIT

Im Reich der Pflanzen steht alles für uns bereit, was für ein ausgeglichenes und harmonisches Leben benötigt wird.

In erster Linie wurden Blüten, Blätter, Wurzeln und Früchte von weisen Frauen und Hexenmeistern in früheren Zeiten als Heilmittel bei körperlichen Gebrechen und seelischen Krankheiten verwendet. Aus den Heilerfolgen und Beobachtungen sowie intuitiven Handlungen, haben sich diese pflanzlichen Wirkstoffe als unterstützende Hilfsmittel beim Hexen bewährt und als zauberkräftig erwiesen. Werfen wir zunächst einen Blick auf die Heilkräuter. Gegen Magenbeschwerden wirkt *Anis* vorzüglich. *Beifuß* gilt als menstruationsfördernd und erleichtert die Geburtswehen. Haben Sie häufig schlechte Träume, hilft *Eberesche. Farn* fördert das Wohlbefinden allgemein. *Johanniskraut* macht fröhlich und entspannt; seine stimmungsaufhellende Wirkung ist auch wissenschaftlich nachgewiesen. Stimmungsaufhellende und entkrampfende Wirkung erzielen Sie auch mit *Kardamon. Salbei* ist nicht nur ein vorzügliches Küchenkraut, sondern hilft auch gegen Verdauungsbeschwerden und stärkt die Nerven.

PFLANZEN FÜR DEN LIEBESZAUBER

Unterscheiden Sie bei den Liebesritualen drei Arten der Liebe: Die Liebesgöttin Agape unterstützt die reine, geistige Liebe. Auch die Nächstenliebe fällt in ihr Aufgabengebiet.

Schön, wenn Sie für die Gesundheit stets alles griffbereit haben.

Liebesgott Amor ist für die Herzensangelegenheiten zuständig und der Liebesgott Eros erfreut sich an jeder sexuellen Anziehung. Dementsprechend werden auch die unterschiedlichsten Blüten und Kräuter ausgewählt. Natürlich wäre es ideal, wenn alle drei Gottheiten einig Hand in Hand für das Liebesglück und somit für vollkommene Erfüllung sorgen.

Keine andere Blume oder Pflanze wird stärker mit der Liebe in Verbindung gebracht als die *Rose.* Als Königin der Blumen wird ihre vollkommene Schönheit von unzähligen Dichtern und Sängern gepriesen. Als das erste Morgenrot auf die Erde traf, hat das Licht die Rose als Erinnerung daran zurückgelassen. Die rote Rose gilt als Symbol der tiefen und innigen Liebe. Lässt Herzenswärme wachsen.

Dunkelrot lässt die tragische Liebe aufblitzen. Rosa steht für die Zärtlichkeit, weiße Rosenblätter verwendet man für die reine, unbefleckte Liebe, gelbe

Rosen fördern die Kommunikation. Von zweifarbigen Rosen ist beim Liebesritual eher abzuraten, da sie die flatterhafte Liebe darstellen. Mit der Rose bitten Sie um Unterstützung und Schutz aller drei Gottheiten: Agape – Amor – Eros.

Für die Hilfe der Liebesgöttin Agape: Die *Schneerose* (Christrose) wird für die Liebesrituale eingesetzt, wenn äußere Umstände wie zum Beispiel Neid der Freundin, Verbot durch Eltern bzw. Gesellschaft oder örtliche Trennung die Freude an der Liebe trüben. Verwenden Sie getrocknete Blüten und Blätter, um innerlich stabil zu werden oder zu bleiben und Ihrer Liebe Standfestigkeit zu geben.

Die Magie mit Pflanzen stabilisiert das innere Gleichgewicht und fördert so den Zauber in Liebes- und Herzensangelegenheiten.

Liebesgott Amor wird Sie unterstützen: Ein brennendes Mal hinterlassen *Brennnesselblätter* nicht nur auf unserer Haut. Um die Liebe des Angebeteten zu entfachen, gibt es kein stärker wirkendes Kraut.

Auch *Veilchen* bringen die Liebe des Wunschpartners zum Erblühen. Sollten Sie jedoch um den 8. Juni Veilchen am Wegrand oder in Ihrem Blumenbeet erblicken, Finger weg! Diese Blütenköpfe lassen die Liebe „verkohlen" bzw. brandig werden. Wie feucht gewordenes Getreide fault die Liebe dahin.

Lavendel wurde schon in der Antike als reinigender Zusatz bei Waschungen und Bädern angewandt. Unreinheiten des Körpers und des Geistes haben keine Chance gegen die Wirkung dieser Pflanze.

Lavendelblüten und -blätter verbinden Liebende auf einer geistigen Ebene und vertreiben Hindernisse, die sich der Liebe in den Weg stellen.

Jasmin und Lilien lassen keinen trüben Gedanken über die Liebe kommen.

Die zartblauen, kleinen Blüten des *Vergissmeinnichts* haben die große Aufgabe, die Liebe im Herzen des Partners zu festigen, wenn das Paar vorübergehend getrennt ist.

Ringelblumen heilen die Wunden eines gebrochenen Herzens und lassen einen Neubeginn zu. Sie festigen Harmonie und Bindung in der wieder entdeckten Liebe.

Liebesgott Eros steht Pate: Sexuelle Liebeslust wird durch *Ingwer* gesteigert, löst Schüchternheit auf, feurigscharfe Energie wird nach oben (das heißt, ins Bewusstsein) geleitet.

Pflanzen und Früchte,
die sich besonders für den Liebeszauber eignen.

Leinsamen lässt ebenfalls Begehren nach dem anderen Geschlecht aufkommen.

Pfefferkörner würzen nicht nur den Sonntagsbraten, sondern bringen die (körperliche) Liebe zum Erglühen. Selbst Columbus hat sich des Pfeffers wegen auf den Weg gemacht und dabei Amerika entdeckt. Die Energie kennt keine Grenzen.

Wenn die Liebe trotz aller Bemühungen schwindet und eine Trennung vielleicht das Beste wäre, verwendet man *Wegwarte,* die einen neuen Weg erkennen lässt und die Richtung weist. Schon die Kelten haben sich mit Hilfe dieser Pflanze orientiert. Unscheinbar, doch für jeden erkennbar, weisen die Längsachsen ihrer Blätter immer in die Nord-Südrichtung.

Gräbt man allerdings die Wurzel dieser Pflanze an einem Karfreitag unter Anrufung der Dreieinigkeit mit einer Silbermünze aus und berührt damit den Angebeteten, so kann dieser nur noch in glühender Liebe entbrennen.

Ebenso löst *Spitzwegerich,* von den Indianern „Fußtritt des weißen Mannes" genannt, ungewollte Bindungen auf.

Auch *Wacholder* gibt die Kraft für eine Trennung in Güte. Unsere Vorfahren benutzten Wacholderruten auch, um gestohlenes Diebesgut wiederzufinden.

Erfolgversprechend greift die tief gekränkte Hexe zu *Salbei,* um eine Trennung vom falschen Partner zu forcieren. Zu allen Zeiten galt Salbei deshalb in der Magie auch als bevorzugte Reinigungspflanze.

PFLANZEN FÜR ERFOLG UND TREUE

Die einzelnen Kräuter sind hier ihrer Bedeutung nach geordnet, auf allen wichtigen Stufen des menschlichen Lebens, von der Wiege bis zum Grab, nimmt *Rosmarin* danach eine besondere Vorrangstellung ein. Damit Glück und Erfolg treu bleiben, wurde Rosmarin nicht nur von den Hexen im Dunkel der Vorzeit bevorzugt eingesetzt. Auch die moderne Hexe möchte und kann nicht darauf verzichten, insbesondere bei jedem Neubeginn einer Partnerschaft, sei sie nun geschäftlicher oder privater Natur.

In früheren Zeiten wurde zum Beispiel bei der Taufe heimlich Geld in einem Sack gesammelt, oben auf steckte man einen Zweig vom Rosmarinstrauch und schnürte den Sack zu. Mit den Worten: „Hier bringe ich dem Paten einen Strauß herein, der riecht nach lauter Rosmarein, die Wurzel wird wohl das Beste sein," wurde das Geschenk übergeben. Mit diesem Ritual beschwor man Glück und Reichtum für den neuen Erdenbürger.

Bei Hochzeiten wurde die Braut mit Rosmarin bekränzt und den Hochzeitsgästen wurde ein kleines Zweiglein davon angesteckt, als Zeichen für eine gute (also erfolg + reiche) Ehe und Treue. Zum Gedenken über den Tod hinaus legt man auch heute noch in ländlichen Gegenden einen Rosmarienzweig auf den Sarg.

Für den Erfolg und die Treue steht auch der *Thymian.* Das Wort „thymos" kommt aus dem Griechischen und bedeutet soviel wie Mut und

Kraft. Doch mehr im Sinne von Anziehungskraft, damit das Glücksrad sich zu drehen beginnt und treu bleibt.

Ein Thymianstock, vor der Eingangstüre platziert, zieht das Glück in Ihr Haus.

Muskat ist die Würze jedes Erfolgs und des Geldbeutels. Positive Energie wird mit Muskat verstärkt. Selbst die Römer haben die Straßen der Stadt bei großen Festen mit Muskat räuchern lassen, obwohl seinerzeit für ein Pfund Muskat als Gegenwert sieben Ochsen eingesetzt werden mussten.

Für ein Leben in Fülle und Freude sorgen *Zimt und Myrrhe*. Dem Element Erde zugeordnet bauen Zimt und Myrrhe den Erfolg kräftig auf und verteilen ihn gleichmäßig.

Die Samenkörner der *Sonnenblume* lassen alles gedeihen, was mit Liebe durchgeführt wird, sodass der Erfolg das Leben wie eine Sonne erhellt.

Johanniskraut sorgt für bleibenden Erfolg und Wohlstand. Die Völker der Antike haben aus den Blüten und Blättern des Krautes Kränze geflochten und ihre Götterfiguren und Bilder damit geschmückt, damit die bösen Geister vertrieben und das Unglück ferngehalten wurden.

Es gibt noch eine Reihe anderer Kräuter, die den Erfolg herbeizaubern helfen und die im Folgenden alphabetisch genannt werden, z.B.:

Baldrian wird benötigt, um ein (rechtmäßig zustehendes) Erbe zu sichern.

Borretsch stellt die Kraft zur Verfügung, wenn finanzielle Krisen überwunden werden müssen.

Eisenkraut benötigt jeder, der sich an der Börse oder im Glücksspiel versucht.

„Die Kraft, das Weh im Leib zu stillen, verlieh der Schöpfer den *Kamillen*" berichtet der Dichter Karl Heinrich Waggerl. Diese Pflanze zieht Erfolg und gutes Geld an.

Mit *Safran* kann man sich nicht nur eine goldene Nase verdienen, sondern sich auch das Dach vergolden lassen, heißt es im Volksmund.

PFLANZEN FÜR DEN SCHUTZ VON FAMILIE UND HAUS

Wichtig für unsere Ahnen war es, Familie, Hab und Gut vor Unheil zu schützen. Sie wählten daher sehr sorgfältig aus den Kräutern und Blumen die geeigneten Pflanzenschutzgeister aus.

Als heutige Hexe haben Sie auch einige Möglichkeiten, mit Ihrem Zauber feindselige Strömungen abzulenken.

Verwenden Sie *Arnika*, um böse Geister vom Haus fern zu halten.

Mit *Akelei* können Sie Streit abwenden. Harmonisiert aggressive Spannungen zwischen den Familienangehörigen. Doch bitte nicht als Badezusatz verwenden.

Basilikum wehrt feindlich gesinnte Schwingungen ab und vertreibt negative Energien.

Beifuss schützt vor Negativstrahlung wie Hass und Neid. Die Kelten haben dieses Kraut direkt unter die Füße zusammen mit Stroh gebunden, als sie bei ihren Völkerwanderungen auf Wasseradern gewandert sind. Denn nur in den geopathogenen

Zonen, den durch Erdstrahlen gestörten Gebieten, war der Bewuchs des Waldes nicht undurchdringlich. Allerdings waren und sind diese Plätze auch heute noch nicht nur kraftraubend, sondern auch krankmachend. Mit der Hilfe von Beifuss halten Sie die negativen Strahlungen fern.

Johanniskraut schützt Haus und Hof mit seinen Bewohnern vor Unheil. Die höchste Wirkkraft hat die Pflanze, wenn sie am 24. Juni, am Johannistag,

vor dem Mittagsläuten gepflückt wird. *Lorbeerblätter* lassen Feinde umkehren und geben Kraft für schwierige Wettkämpfe. *Mistel* und *Schafgarbe* sind für den Schutz von Mensch und Tier zuständig. Nicht als Badezusatz geeignet.

Schwarzkümmel schützt vor „bösen Zungen" und schlechter Nachrede. Unsere Vorfahren streuten Kümmel unter die Wiege, damit das Baby vor bösen Dämonen verschont blieb.

Für die Hexenküche stets griffbereit: luftig aufgehängte Kräuterbündel sowie in Essig und Öl eingelegte Kräuter.

Pflanzenpflege nach Hexenart

„Wo die Liebe hinfällt, wächst kein Gras mehr – nur Blumen." Doch jede Liebe will gepflegt werden. Und erst recht die Liebe zu den Pflanzen und Blumen. Die Hexe erwartet doch einiges an Leistung von ihnen. Dass Pflanzen und Blumen Ansprache brauchen, weiß ja heutzutage glücklicherweise schon fast jede Hobbygärtnerin. Mit modernen Messgeräten können heute sogar die Schwingungen der Pflanzen wahrgenommen und aufgezeichnet werden. Sie werden den Unterschied feststellen, wenn die Pflanzen Ihre positive oder negative Einstellung spüren!

Es lohnt sich, dass Sie sich mit der Pflege und magischen Wirkung von Pflanzen vertraut machen.

Der „Findhorn-Garten", der in den 70er Jahren in England angelegt wurde, zeigt ein klares Bild, wenn Mensch und Natur im Einklang leben. In einer doch sehr lebensfeindlichen, kargen und sandigen Gegend wurden durch positives Denken und Meditation paradiesische Blumen- und Pflanzenkulturen hervorgebracht. Über die Erfolge kann man in Büchern nachlesen. Warum sollten solche guten Ergebnisse nicht von der sensitiven Hexe wiederholt werden können?

Natürlich können Sie Ihre Pflanzen auch mit Musik berieseln. Doch wählen Sie bitte die Musikstücke mit Bedacht! Denn Melodien von Mozart machen fröhlich, Vivaldi entspannt, Brahms erzeugt mit seinen Konzerten eine Aufbruchstimmung. Doch manche Musik wirkt eher destruktiv. Ihr eigenes Stimmungsbarometer ist bei der Musikauswahl die beste Hilfe. Wenn bestimmte Melodien Sie entspannen und beruhigen oder aktiv anspornen oder gar fröhlich stimmen, so werden Ihre Blumen und Kräuter Ihre Gefühlsempfindungen übernehmen.

Einfacher ist es, wenn Sie täglich mehrmals mit viel Liebe an Ihre Pflanzen im Garten und auf dem Balkon denken. Stellen Sie sich Ihre Kräuterpflanzen so vor, wie Sie sie am liebsten sehen möchten. Gedanken können nämlich nicht nur Berge versetzen.

Auch das Gießwasser können Sie beeinflussen. Wenn es geht, wäre Regenwasser von großem Vorteil. Sie können aber auch das Leitungswasser energetisch aufladen. Starten Sie einmal einen Versuch. Stellen Sie zwei Gläser mit Wasser vor sich hin, reiben Sie die Handflächen aneinander, halten Sie nun eine Handfläche über das linke und eine über das rechte Wasserglas und bleiben in dieser Stellung einige Minuten. Kosten Sie nun das Wasser. Sie werden merken, dass das Wasser des rechten Glases erfrischend und leicht perlend schmeckt, während das Wasser im linken Glas eher einen abgestandenen Geschmack hinterlässt. Seien Sie gut zu Ihren Pflanzen und gönnen ihnen das Beste vom Besten. Sollten Sie mit der Pflege der einzelnen Pflanzen noch nicht ausreichend vertraut sein, so empfehle ich einen gut bebilderten Ratgeber. Ein solcher „Pflanzenkompass" sollte ohnehin stets griffbereit sein.

ALLES ÜBER DIE ERNTE

Auch für die Ernte braucht die Hexe eine gewisse Feinfühligkeit. Die Kelten gaben ihren Pflanzen und Blumen vor der Ernte einen Namen. Dadurch wurden sie aus der Anonymität herausgehoben. Sie haben sich bei der Pflanze entschuldigt, bevor sie abgeschnitten wurde. Einen Teil des Samens geben sie der Natur zurück, damit sich daraus die Pflanzen in Gestalt und Form weiterentwickeln können. Sagen Sie auch Ihrer Pflanze, dass Sie jetzt ihre Hilfe für einen bestimmten Zweck benötigen. Und dass Sie stolz sind, so schöne und gute Pflanzen in Ihrer Umgebung zu haben. Lassen Sie die Kräuter- und Blütenpflanzen spüren, dass ihre Eigenschwingung immer im Garten und in der großen Gemeinschaft der Schöpfung zurückbleiben wird und daher immer gegenwärtig ist. Bedanken Sie sich dann für die Hilfeleistung der Pflanzengeister.

Möchten Sie Blumen- und Kräutersamen im darauf folgenden Jahr wieder in Ihrem Garten aussäen, lagern Sie diesen nicht nur trocken, sondern auch auf einem blauen Tuch, ähnlich einer Arbeitsschürze, wie die Bauern sie tragen. Denn Samenkörner, die so über den Winter aufbewahrt werden, keimen im Frühling 10–14 Tage früher.

Duftende Kräuter, Gewürze und Früchte

Ihr Stimmungsbarometer steigt sprunghaft an, wenn Sie ein Potpourri aus duftenden Kräutern, Gewürzen und Früchten zusammenstellen, die Sie gekauft oder selbst gezogen haben.
Für die Ernte empfehle ich als günstigsten Zeitpunkt die Zeit kurz vor oder direkt bei Vollmond. Die Pflanzen stehen dann im vollen Saft und entfalten ihre Heil- und Zauberkräfte danach am wirkungsvollsten. Zum Trocknen legt man sie lichtgeschützt an einen luftigen Platz. Das Tüpfelchen auf das „i" setzen Sie, wenn Sie Ihre Kräuter und Blumen noch in einer Mondnacht auslegen. So schaffen Sie die idealen Voraussetzungen für Ihre magischen Pflanzenrituale, denn nun besitzen Ihre Pflanzen und Früchte außer ihren eigenen Kräften und der Sonnenenergie, der sie ihr Wachstum verdanken, auch die magische Kraft des Mondes.

Magische Rituale

Die Kraft der Bäume und Sträucher

GESUNDHEIT UND WOHLBEFINDEN

Allen voran als heiliger Baum steht die *Eiche*. Diese Bäume säumten früher die Zeremonienplätze bzw. heiligen Haine der Druiden, wo sie um Schutz und Beständigkeit der Götter baten. Die moderne Hexe greift auf diese bewährte und zuverlässige Kraftquelle zurück. In allen Ritualen, bei denen es um *Liebe*, *Gesundheit* und *Wohlbefinden* geht, werden gerne getrocknete Eichenblätter verwendet.

Besondere Kraftzentren finden sich dort, wo Bäume stehen. Bäume geben Stärke und Schutz, ebenso ihre heilenden Energien weiter.

Der Wohnsitz unserer schützenden Hausgöttin Frau Holle ist der *Holunderstrauch*. Die Ehrerbietung diesem Gehölz gegenüber hat sich heute aufrechterhalten. In vielen ländlichen Gegenden ziehen die Bauern immer noch den Hut vor diesem Strauch. Selbst das Abholzen bereitet vielen noch manchmal Unbehagen, denn Geschichten und Sagen berichten über Strafen, die den Frevlern auferlegt wurden. Dazu kommt, dass der Holunderstrauch nicht leicht zu kultivieren ist. Er sucht sich seine Besitzer selbst aus. Das heißt, plötzlich über Nacht treibt eine Jungpflanze irgendwo auf dem Grundstück aus und bevorzugt meist eine Wasserader als Landeplatz. Die Wurzeln des Strauchs graben sich einige Meter tief in den Boden und durchbohren sogar Hausmauern. Diese unbezwingbare Kraft nützt die Hexe natürlich für die *Reinigung* von allem Schlechten und Belastenden aus der Vergangenheit. Als Badezusatz eignen sich die getrockneten Blüten. Um die Götter der Lüfte zu aktivieren, werden getrocknete Blätter verwendet. Für das reinigende Ritualgetränk schlechthin werden vorzugsweise frische Blütendolden verwendet.

LIEBE UND PARTNERSCHAFT

Die Blüten des *Lindenbaums* vertreiben die Eifersucht und heben die damit empfundene Machtlosigkeit auf. Denn nichts verschwendet mehr Energie als Neid und Hass. Scheinbar unbegründetes gehässiges Verhalten der Mitmenschen ist nicht selten darauf zurückzuführen. Verschwinden diese negativen Gefühle, können Menschen besser miteinander umgehen. Lindenblüten *ziehen* auch einen *neuen Liebhaber an*. In früheren Zeiten wurde als Mittelpunkt auf dem Dorfplatz eine Linde gepflanzt. Abends versammelten sich die Dorfbewohner um die Linde und besprachen die besonderen Ereignisse. Hier war auch der Ort, an dem Probleme durch die Gemeinschaft gelöst wurden. Verständlich daher, dass an lauen Sommerabenden so manche große Liebe mit einem scheuen Blick unter diesem Baum begann.

„Ich schnitt in seine Rinde, so manches liebe Wort," dichtete Wilhelm Müller und der Komponist Franz Schubert hat dieses Lied wohl für die Ewigkeit vertont.

Aus den Blüten des *Rosskastanienbaums* entspringen die Kraft und das Vertrauen, den Neuanfang mit einer verflossenen *Liebe* zu wagen. Die Bruchstellen des Herzens werden regelrecht von innen gekittet, sodass Verletzungen der Seele in Ruhe ausheilen können und ein Neubeginn gewagt werden darf. Die reifen Früchte des Baumes spenden Energie für den *Alltag*. Deshalb ist es ratsam, im Herbst zwei Kastanien für die Hosen- und Jackentaschen zu sammeln, damit sie im Bedarfsfall immer griffbereit zur Hand sind. Auch als Handschmeichler beruhigen sie und lassen Nervosität verschwinden.

Die *Birke* zählt zu den ältesten Bäumen Nordeuropas. Die Säfte aus Birkenblättern und -rinden dienten den Frauen in grauer Vorzeit als Schönheitstrank. Im heutigen Hexenzauber schützen und festigen diese Bäume *junge Liebe*. Wenn sich die Birkenblätter im lauen Sommerwind bewegen, ist es, als würden Engelszungen Liebesschwüre flüstern. Die verliebte Hexe legt Birkenblätter und -zweiglein in den magischen Kreis, wenn sie Liebesgott Amor und Agape um Unterstützung für die Liebe anfleht.

FÜR DEN ERFOLG

Die Germanen hielten die *Esche* für den alles umfassenden Weltbaum. Unter den Ästen sollen die Götter Recht gesprochen haben. Sie als selbstbewusste, moderne Hexe verwenden die Blätter, wenn vorhandene Güter *Erfolg* bringen bzw. laufende Geschäfte *gute Gewinne* abwerfen sollen.

Die Samen eignen sich für Rituale, die Geld und Erfolg anziehen. Trägt man hingegen ein Stück Holz des Baumes bei sich, ist man vor negativen Einflüssen durch andere Menschen geschützt.

Der Herzstein, ein auf dem Kopf stehender Stein in der Form eines Herzens im mystischen Waldviertel in Niederösterreich, ist umringt von unzähligen Birken und verleiht dem Platz eine fröhliche Ausstrahlung.

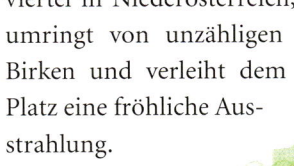

So wie jedem Tierkreiszeichen eine Farbe und ein Stein zugeordnet wird, ist auch jedem Monat ein Baum zugesprochen. Verwenden Sie mit den entsprechenden Monatskerzen auch einige Blätter und Zweiglein der nachstehenden Bäume zur Unterstützung des Zaubers im jeweiligen Monat.

Ernten Sie nur so viel Blattwerk, wie Sie bei einem Schnitt in einer Hand halten können. Legen Sie sich rechtzeitig einen Vorrat an, damit Sie jederzeit auf die Kräfte der Bäume zurückgreifen können. Ernten Sie bei Ihren Spaziergängen im Lauf des Jahres jeweils eine Hand voll Blätter der verschiedenen Bäume und trocknen diese an einem luftigen Ort ohne direkte Sonneneinstrahlung! Bewahren Sie die getrockneten Blätter bis zur Verwendung in einem dunklen Glas auf. Bevor Sie jedoch auf die Baumhilfsgeister zurückgreifen, legen Sie die getrockneten Blätter eine Nacht in das Mondlicht. Vollmond begünstigt Liebesrituale, Neumond die Regeneration, der zunehmende Mond unterstützt Erfolgs- und Reichtumsrituale, der abnehmende Mond lässt Widerstände im Alltag, Berufsleben und in Liebesdingen verschwinden.

TIPP

Reste einer kultischen Verehrung von bestimmten Bäumen, denen Zauberkraft innewohnt, haben sich auch in unserem Brauchtum bis heute erhalten, so im Maibaum, meist einer Birke, die als Liebeszeichen für das angebetete Mädchen gilt, aber auch Fruchtbarkeit verbürgen soll. Apfel-, Birn- und Pflaumenbäume dienen als Liebesorakel und werden nachts geschüttelt. Aus der Richtung, aus der dann ein Hund bellt, soll die/der erhoffte Liebste kommen.

ZUORDNUNG DER BÄUME ZU EINZELNEN GEBURTSDATEN

Blätter und Zweige dieser Bäume werden ihre Kraft Ihnen zur Verfügung stellen, wenn Sie gemäß dem Geburtsdatum (der/des Angebeteten) den entsprechenden Baum auswählen.

Stellen Sie sich bereits beim Ernten oder beim Kauf der Ritualpflanzen die Erfüllung Ihrer Wünsche vor. Genießen Sie das Hochgefühl des Erfolgs. Das allein wird Sie schon in eine gute und positive Stimmung und Erwartungshaltung versetzen. Denn alle diese hilfreichen Utensilien sind so genannte Steigbügelhalter, um auf das Pferd zu gelangen. Sie selbst sollen die Zügel in Ihrem Leben in die Hand nehmen, um die Richtung für Ihre weitere Entwicklung einschlagen zu können.

Januar	– **Birke**	Juli	– **Stechpalme**
Februar	– **Esche**	August	– **Haselnussstrauch**
März	– **Erle**	September	– **Weinrebe**
April	– **Weide**	Oktober	– **Efeu**
Mai	– **Weißdorn**	November	– **Schilf**
Juni	– **Eiche**	Dezember	– **Holunder**

Die ideale Zuordnung der Bäume zu den Geburtsdaten der / des Angebeteten

Buche:	22.12.
Apfelbaum:	23.12. – 1.1., 25.6. – 4.7.
Tanne:	2.1. – 11.1., 5.7. – 14.7.
Ulme:	12.1. – 24.1., 15.7. – 25.7.
Ölbaum:	23.9.
Zypresse:	25.1. – 3.2., 26.7. – 4.8.
Birke:	24.6.
Pappel:	4.2. – 8.2., 1.5.– 14.5., 5.8. – 13.8.
Zeder:	9.2. – 18.2., 14.8. – 23.8.
Kiefer:	19.2. – 28.2., 24.8. – 2.9.
Trauerweide:	1.3., 10.3., 3.9. – 12.9.
Linde:	11.3., 20.3., 13.9. – 22.9.
Eiche:	21.3.
Haselnuss:	22.3., 31.3., 24.9. – 3.10.
Eberesche:	1.4. – 10.4., 4.10. – 13.10.
Ahorn:	11.4. – 20.4., 14.10. – 23.10.
Nussbaum:	21.4. – 30.4., 24.10. – 11.11.
Kastanie:	15.5. – 24.5., 12.11. – 21.11.
Esche:	25.5. – 3.6., 22.11. – 1.12.
Hainbuche:	4.6. – 13.6., 2.12. – 11.12.
Feigenbaum:	14.6. – 23.6., 12.12. – 21.12.

Angewandte HEXEREI

MAGIE HAT MIT VERÄNDERUNG
ZU TUN, SIE ZU ERKENNEN,
WILLENTLICH ZU BEWIRKEN UND
DEN EIGENEN WILLEN ZU KONTROLLIEREN.

Marian Green

Alles zum richtigen Zeitpunkt

Natürlich gibt es Tage und Momente, die für bestimmte Rituale besonders gut geeignet sind. So kann z.B. der Vollmond den Liebeszauber auf das Angenehmste verstärken. Doch was tun, wenn die Sehnsucht nach dem Traumpartner bei Neumond unerträglich wird oder die Entscheidung für die Vergabe eines Auftrages bei zunehmenden Mond getroffen werden soll, wo doch der Neumond seinen positiven Einfluss darauf wirken lassen sollte?

Wenn Sie lernen, zum richtigen Zeitpunkt Ihre Kraft zu wecken, können Sie sie an die Quelle der magischen Energie anschließen.

Als aktive Hexe wissen Sie natürlich, dass „in jedem Menschen mehr Kraft steckt, als er willens ist, einzusetzen". Also wird die sensitive Hexe alle ihre verborgenen Kraftreserven in Bewegung setzen, um das angestrebte Ziel zu erreichen. Denn das Leben hat sie gelehrt, dass es nur zwei große Sünden gibt: „Zu wünschen, ohne zu handeln und zu handeln ohne Ziel." Deshalb ist (fast) jeder Zeitpunkt geeignet, wenn es um unser Wohl und Wunscherfüllung geht. Als richtige Hexe verstehen Sie nicht nur zu feiern, sondern wissen natürlich auch über den Mondkalender Bescheid. Das Aussähen von Kräutersamen oder Einpflanzen von jungen Setzlingen sollte an Tagen durchgeführt werden, an denen der Neu- oder Halbmond in einem Wasserzeichen – also Krebs, Fische oder Skorpion – steht. Ideal ist diese Zeit auch für die Düngung und das Umtopfen der Pflanzen. Für die Kultivierung stehen die Tage des abnehmenden Mondes im Zeichen Wassermann (Luft), Widder (Feuer), Zwilling (Luft), Löwe (Feuer) oder Jungfrau (Erde) zur Verfügung. Schlechte Tage zum Aussäen oder Anpflanzen sind die ersten Tage des Neumondes. Aktuelle Hinweise dazu finden Sie im „Mondbuch für Balkon, Terrasse und Garten", das im Buchhandel erhältlich ist.

*Vollmond eignet sich in besonderer Weise,
den Liebeszauber zu verstärken.*

FESTE FEIERN, WIE SIE FALLEN: DIE GANZ BESONDEREN HEXENTAGE!

Als moderne Hexe sind Sie kein Kind von Traurigkeit. Innere Harmonie war schon immer eine wichtige Voraussetzung für das Gelingen von Magie. Das Zelebrieren der Feste und Zauberrituale fördert nicht nur das Bewusstsein, sondern führt Sie tiefer in Ihre eigene Welt und verleiht Ihnen mehr Kraft, die Wunder des täglichen Lebens zu vollbringen. Gerne nehmen Sie jede Möglichkeit wahr, mit Freunden und Gleichgesinnten ihre Naturverbundenheit und Aufgeschlossenheit zu demonstrieren. Ihr Vertrauen beruht auf Tradition und Altbewährtem. Gemeinsames Feiern begünstigt Regeneration und Neuorientierung aller Beteiligten. Es verstärkt aber auch den Mut, an sich selber zu glauben.

TIPP

Es ist wichtig, beim Zelebrieren von Festen und bei der Praxis von magischen Ritualen zu betonen, dass die Riten durchgeführt werden, um zu heilen, zu inspirieren und zum Erfolg zu verhelfen, aber nicht, um anderen Schaden zuzufügen. Wenn Sie beginnen, den natürlichen Zyklus der Feste zu untersuchen, die überall gefeiert werden, werden Sie herausfinden, dass Sie sich auf helle und dunkle Zeiten einrichten können, auf Zeiten aktiver und nach außen gerichteter Magie und Zeiten nach innen gerichteter Kraft und Ruhe.

TERMINE, DIE KEINE HEXE VERSÄUMEN SOLLTE

Das Hexen-Neujahr beginnt zwar mit Samhain, am 31. Oktober als Halloween. Doch wollen wir der Einfachheit halber mit dem Beginn des Kalenderjahres starten:

Für die Namensgebung des *Januar* stand Gott Janus Pate. Janus hat zwei Gesichter. Mit einem blickt er in die Zukunft, mit dem anderen in die Vergangenheit.

Der *1. Januar* ist der Wassergöttin Nanshe gewidmet. Ein guter Tag, um einen Blick in die Zukunft zu riskieren und ein Orakel zu befragen. An diesem Tag darf aber unter keinen Umständen die gute Stube ausgefegt werden, da man sonst das Glück hinauskehrt. Auch der moderne Besen in Form eines Staubsaugers wird nicht gebraucht und hat an diesem Tag dienstfrei.

Das Fest der Heiligen Drei Könige am *6. Januar* gilt als Glückstag für die Kinder, da sie mit Süßigkeiten beschenkt werden. Es ist auch ein sensibler Wendetag, an dem das Gute über das Böse siegt. Überprüfen Sie jetzt das Ziel Ihres Begehrens und legen Sie einen Zeitplan für die Erfüllung Ihrer Wünsche fest.

Am *30. Januar*, dem Fest des Friedens und der Göttin Pax geweiht, zündet die moderne Hexe eine weiße Kerze für friedliches Auskommen in der Familie, unter Freunden, allen Bekannten und in der unmittelbaren Nachbarschaft an. Auch ein Gebet für den Weltfrieden schickt sie gedanklich in die Erdatmosphäre.

Aus dem lateinischen Wort „februarius" leitet sich der Monatsname *Februar* ab und bedeutet soviel wie „reinigen".

Am 2. Februar wird Lichtmess gefeiert. „Ihr sollt tanzen und singen, feiern und musizieren und in meinem Namen lieben. Denn mein ist die Ekstase des Geistes", sagte die Göttin des Mondes nach der Überlieferung. Unsere Vorfahren veranstalteten an diesem Tag Lichterprozessionen, um ihrer Freude Ausdruck zu geben, dass die Tage nun wieder spürbar länger wurden und die Lebensgeister langsam erwachten. Auch für die Lehrlingshexen war dies ein bedeutungsvoller Tag und mit Sehnsucht erwartet. Nach zwei anstrengenden Lehrjahren bei einer Hexenmeisterin wurden sie in die Gemeinschaft der Kräuterkundigen aufgenommen. Die Initiation der Hexen wurde am 2. Februar gefeiert. Früher trafen sich an diesem Tag zunächst nur die Frauen, erst dann wurden die Männer eingelassen und konnten um Hilfe in praktischen Dingen für das ganze Jahr bitten.

Der *26. Februar* ist der Göttin Hygieia geweiht. Sie ist Schutzpatronin für Gesundheit und Hygiene. Ihr Markenzeichen ist eine Schlange, die sich um ihren Oberkörper schlängelt. Ehren Sie die Göttin mit einem ausgiebigen Bad und trinken Sie ein Glas Holundersekt auf ihr Wohl. So, wie die Schlange sich häutet, soll auch die praktizierende Hexe von heute alles, was die Seele aus der Vergangenheit belastet, abstreifen. Denn trübe Gedanken verursachen nicht nur Falten im Gesicht, sondern machen auch Körper und Seele krank.

Kriegsgott Mars gab dem *März* seinen Namen. Mars steht auch für Aktivität und Tatendrang. Nach den langen und dunklen Wintermonaten kehrt endlich wieder Leben in den Tagesablauf. Widmen auch Sie in dieser Zeit alle guten Gedanken Ihrem Bankkonto, damit es sich füllen kann. Zünden Sie eine gelbe Kerze an und stellen Sie sich die Meeresflut vor, wie sie das Hafenbecken füllt. Genauso soll nun Ihr Bankkonto anwachsen und der Kontostand anschwellen.

Ein wichtiger Feiertag im Jahreszyklus ist der *21. März*. An diesem Tag wird die Tag- und Nachtgleiche gefeiert. Das Licht und die guten Geister übernehmen wieder die Vorherrschaft auf Erden und das Erwachen der Natur ist das zentrale Thema. Alle schlafenden Samen werden von Kore, Tochter der Mutter Erde, geweckt. Das Saatgut wird gesegnet und Eier werden als Zeichen der Fruchtbarkeit geopfert. Alle Hexen der Umgebung treffen sich in der freien Natur, um gemeinsam für den guten Erfolg ihrer Zauberrituale die Hohen Mächte anzurufen. Anschliessend wird fröhlich gefeiert.

Magisch gesehen ist der nun beginnende Frühling die Zeit des Wachstums und der Ausdehnung, wenn Rituale, die im Winter eingeführt wurden, und Fertigkeiten, die Sie aus Büchern gelernt haben, nun erfolgreich angewandt werden. Betrachten Sie bewusst das neu erwachte Leben, lauschen Sie dem Frühlingskonzert der Vögel, dessen Klangstärke mit jedem Tag zunimmt, und laden Sie Ihre Freunde zum ersten Hexenfest im Freien ein!

Feste feiern, wie sie fallen!
Inspirationen für zauberhafte
Tischdekoration, mit der Sie
als moderne Hexe Ihre Gäste
verzaubern, sind keine Grenzen
gesetzt.

„*April,* April, der tut was er will". Den Ruf der Launenhaftigkeit hat dieser Monat dem Wetter zu verdanken. Schneegestöber wechseln sich mit schweren Regenwolken ab und dazwischen erwärmen Sonnenstrahlen die kühle Luft. Der Name wird auf die Göttin der Liebe und des Todes, Aprilis, zurückgeführt und bedeutet soviel wie „Eröffnen".

Der 1. April gilt zwar im Volksglauben als Unglückstag, aber 30 Tage später, in der Nacht zum 1. Mai, wird Beltane gefeiert – die Zeit leidenschaftlicher Begegnung.

Der *1. April* gilt im Volksglauben als Unglückstag. An diesem Tag narrt man seine Mitmenschen und lässt sie unmögliche Dinge tun. Die praktizierende Hexe macht es sich auf dem Sofa gemütlich und träumt höchstens von wärmeren Sommertagen. Ansonsten wird jede magische Aktivität eingestellt.

Der zweite hohe Feiertag des Hexenjahres ist der *30. April* – Beltane oder die Walpurgisnacht. In dieser Nacht trafen sich früher alle Hexen der Gegend auf einer Anhöhe, tanzten und feierten Fruchtbarkeitsrituale. Die Kinder, die in dieser Nacht gezeugt wurden, galten als Töchter und Söhne Gott Pans. Das Abbrennen von Maifeuern in der Nacht auf den Bergen ist ein kleiner verbliebener Rest dieses übermütigen Treibens.

Die Göttin des Frühlings – Maia – verehrt man im Wonnemonat *Mai*. Sie soll die Großmutter der Magie sein und Schutzpatronin der Hebammen. Bäume und Büsche werden mit bunten Bändern geschmückt und ein Freudentanz veranstaltet. Die moderne Hexe wählt an diesem Tag ein grünes Kleid, um mit der Natur eine Einheit zu bilden. Bei jedem Ritualzauber, der in diesem Monat durchgeführt wird, kann man mit einer zusätzlichen weißen Kerze Göttin Maia ehren.

Die Beschützerin der Frauen und der Ehe – Göttin Juno – hält im *Juni* schützend die Hand über alle Heiratswilligen. In diesem Monat wird die junge Liebe, die im Mai begonnen hat, stabilisiert. Der Liebeszauber ist in diesem Monat besonders begünstigt.

Am *23. Juni* wird die Sommer-Sonnenwende gefeiert. Ein guter Tag, um in die Zukunft zu sehen. Es werden Freudenfeuer oder Kerzen angezündet. Diese Nacht gehört den Liebenden. Jeder, der über das Feuer springt, hat ein gutes Jahr zu erwarten. Das Johanniskraut hat jetzt seine höchste Wirkkraft erreicht und sollte unbedingt vor dem Mittagsläuten geerntet werden. Johanniskraut hält alles Böse fern. Nehmen Sie sich an diesem Tag besonders viel Zeit um sich selbst und liebe Freunde zu verwöhnen.

Juli – Monat des Wachstums und der Ernte. Die selbstbewusste Hexe denkt an gesunden Reichtum, Liebe und Weisheit.

Die Sommermonate eignen sich vorzüglich, draußen im Garten, auf dem Balkon oder der Terrasse einen Kräuterstrauß für Ihre Hexenküche oder Ihre Gäste zu kreieren. Es ist auch die ideale Zeit, Kräuter zum Trocknen aufzuhängen, so dass Sie sie stets griffbereit haben.

August wird abgeleitet vom Lateinischen „augurare" und wird mit „prophezeien" oder „wachsen" gleichgestellt. Feste zu Ehren der Nahrung werden gefeiert. Zauberrituale, um positive Ergebnisse der Geschäfte zu erzielen, haben jetzt Hochkonjunktur. Am *1. August* wird das Fest des Brotes begangen. Mit einem Glas Wein und einem Stück Brot besinnt sich die Hexe und bedankt sich dafür, dass auch für sie die Worte Gültigkeit haben: „Der Herr sei mein Hirte, mir wird an nichts mangeln." Schon am *2. August* feiert die Hexe das alte Lammasfest, das erste Erntedankfest und gleichzeitig den dritten, hohen Feiertag im Hexenzyklus. Die Hexe wünscht allen Menschen, denen sie begegnet, Reichtum und Zufriedenheit.

Am *15. August* werden Kräuter gesegnet. Es ist der Geburtstag der Göttin Isis. Was die Hexe heute segnet, steht im Zeichen des Glücks und der Harmonie.

Bei den alten Römern hat das Jahr mit dem Monat März begonnen und so war der *September* der siebte im Jahresablauf – also „septem". Durch die Umgestaltung des Kalenders wurde der Januar an die erste Stelle gesetzt. Daher rangiert nun der September an der neunten Stelle, der Name ist allerdings geblieben. Das Wort hat in diesem Monat die Muse, Göttin der Kunst. Ihre Kraft ist die Inspiration. Verwenden Sie täglich einige Minuten, um über Ihre Lebensaufgaben nachzudenken. Es lohnt sich!

Am *23. September* tritt die Sonne in das Zeichen der Waage und leitet die Herbst-Tag- und Nachtgleiche ein. Von nun an werden die Nächte wieder länger. Es wird das zweite Erntedankfest gefeiert. Nüsse, Äpfel und Brot stehen als Energiespender auf dem Speisezettel der Hexe. Wer übrigens einen Apfel ohne unterzutauchen mit den Zähnen aus einer Schüssel mit Wasser holen kann, wird in den kommenden Monaten reichlich Glück und Erfolg haben.

TIPP

Der Herbst ist die Zeit auch der persönlichen Ernte, die Zeit, in der alle erfüllten Sehnsüchte und Enttäuschungen, alle Erfolge und Misserfolge in der Rückschau geprüft und verglichen werden. Alles, was Sie für gut und wertvoll befinden – und das wird bei Ihrer Hexerei eindeutig überwiegen – liefert zugleich die solide Basis für Gesundheit, Liebe und Erfolg auch im nächsten Jahr, alle Hoffnungen und Wünsche also für Ihr weiteres Glück. So können Sie sich in aller Gelassenheit nun auf die Ruhe des Winters vorbereiten und Ihre Freunde zu zauberhaften Partyspielen einladen, wie z. B. mit Kastanien, die Sie mit eingeritzten Zeichen auf den Herd legen. Das dient dem Zweck, echte Lieben von falschen zu unterscheiden, die mit einem Knall auseinander brechen.

Auch der *Oktober* erhielt seinen Namen durch die Position im Kalenderjahr. Dieser Monat ist Hekate, der Göttin der Hexen, gewidmet. Diese Tage eignen sich hervorragend, um Zwischenbilanz zu ziehen und kleinere Missverständnisse zu bereinigen. Denn am *31. Oktober* – Samhain – ist das wichtigste Fest der Hexen. Am Ende der Herrschaft der Sonnengottheit wird ein großes Feuer angezündet. Der Gott des Winters und der Nacht tritt nun seine Regentschaft an. In dieser Nacht denkt man vor allem an die Seelen der Verstorbenen und entzündet Lichterkerzen auf ihren Gräbern, damit sie den Weg nach Hause finden.

Der Brauch, dass Kinder von Haus zu Haus ziehen und Süßigkeiten erbetteln, stammt aus England und findet in den letzten Jahren immer mehr Anklang auch bei uns. Es soll Glück bringen, um Mitternacht eine orangefarbene Kerze anzuzünden und sie bis Sonnenaufgang brennen zu lassen. Die praktizierende Hexe bedankt sich bei den Hohen Mächten für Beistand und Schutz. Doch sollte die Flamme während dieser Stunden nie unbewacht bleiben.

Auch die Namensgebung des *Novembers* hat keinen romantischen Ursprung. Wieder ist nur das Abzählen der Position ausschlaggebend gewesen. Umso mehr gedenkt man am *16. November* der Mondgöttin Hekate, Schutzpatronin der Hexen. Sie regelt alle Übergänge und Veränderungen im Leben einer Hexe. Die Göttin treibt sich daher mit Vorliebe an Wegkreuzungen herum, wo sie als Symbol für Entscheidungen steht. Sie spendet als Göttin der Magie und Weisheit hilfreiche Unterstützung.

Der zwölfte Monat im Jahr ist der Göttin des Lichts – Lucina – zugeordnet. Die Wiedergeburt der Sonne wird am *21. Dezember* gefeiert. Die längste Nacht liegt hinter uns, und obwohl wir von der Zunahme des Lichts noch nicht allzu viel merken, fühlen wir doch spürbar in unserem Herzen, dass

Die magische Kraft der Riten

Der Hexenkult bietet vor allem an langen Winterabenden eine ausgezeichnete Möglichkeit, mit Gleichgesinnten zusammenzutreffen und noch mehr altbewährtes Hexenwissen zu entdecken, die magischen Riten gemeinsam zu praktizieren und im Kreis zu tanzen. Sie empfangen so Hexenweisheit auf dem dreifachen Weg des Wissens, der magischen Macht und ihrer Anwendung. Allerdings müssen Sie stets mit Leib und Seele dabei sein, die Kraft des Geistes allein genügt nicht. Sie werden so stark sein, dass sie bereit sind, sich selbst „Hexe" zu nennen.

die karge Zeit wieder durch den Überfluss abgelöst wird. Die Sonne geht in das Zeichen des Steinbocks, das von Saturn regiert wird. Er ist der große Lehrer, der eine kleine Täuschung absolut nicht akzeptieren kann. Alles, was nicht zu einem gehört, wird abfallen. Demjenigen, der sich auf dem richtigen Lebensweg befindet, schenkt er Stabilität und Ausdauer. Zu Saturn passen am besten silberne und weiße Kerzen.

Küchenzauber – Zauberhafte Rezepte

Natürlich sind die Zeiten vorbei, in denen die Hexe auf die magische Hilfe von Spinnenköpfen, Schlangenhaut und Drachenblut bei der Herstellung von Suppen und Zaubertrank angewiesen war.

Auf die Zutaten und die Dekoration kommt es an. Der Analogiezauber hilft Ihnen, schon beim Tischdecken ein magisches Ambiente zu schaffen.

Heute stehen ihr wohlschmeckende Energiequellen in der Küche zur Verfügung. Bei der Auswahl und Zubereitung der Speisen ist der Analogiezauber ein hilfreicher Wegweiser. Analog kommt aus dem Griechischen und bedeutet soviel wie sinnbildlich oder gleichartig. So wie zum Beispiel bestimmte Ingredienzien – Öle, Kerzen und Blüten, sowie Zaubersprüche (siehe erstes Kapitel Seite 22) – den Ritualzauber unterstützen, helfen Gewürze und Früchte der Speisen, das angestrebte Ziel zu erreichen. Denn besondere Gerichte und Zubereitungen von Speisen und Getränken haben auch einen ganz besonderen „Zauber", so spricht z.B. das Essen eine aphrodisisch anregende Sprache. Geht doch die Liebe ebenfalls durch den Magen. Außerdem ist ein gesättigtes Baby meist ein friedliches Baby. Ebenso werden sehr oft geschäftliche Verträge bei einem guten Essen zufriedenstellend für alle Beteiligten ausgehandelt.

Die Feier der Sinne beginnt mit dem Duft, denn Düfte sind wahre Zauberkünstler. Die Geruchsnerven der Nase signalisieren sofort, was sich in der unmittelbaren Umgebung tut, noch bevor das Auge etwas sieht. Auf die Bedeutung unseres Geruchssinns weisen auch viele Redeweisen hin – „jemanden an der Nase herumführen", „von etwas Wind bekommen", „die Nase in etwas hineinstecken" oder „einen guten Riecher haben". Wir können wegsehen und weghören, aber nicht wegriechen, denn unser Atemreflex zwingt uns, Gerüche aufzunehmen, die über den Riechnerv ins Hirn gelangen.

Von der Schaltzentrale im Gehirn werden alle weiteren Handlungen und Gemütsstimmungen ausgelöst. Stellen Sie sich einmal vor, Sie haben einen unbändigen Appetit auf Vanilleeis mit süßen Früchten und der aufdringliche Geruch von Curry und Zwiebeln bahnt sich unaufhaltsam den Weg zu Ihrer Nase. Können Sie jetzt noch die Geschmacksknospen von Zunge und Gaumen auf lieblich stimulieren, wenn Schärfe den Geruchsinn vordergründig beeinflusst? Oder visualisieren Sie eine Zitrone. Merken Sie, in welch kurzer Zeit Ihnen das Wasser im Mund zusammenläuft? Diese Reaktionen der Sinnesorgane beruhen auf Erfahrungen, die durch bestimmte Reize und Impulse unsere Empfindungen geprägt haben. Verwenden Sie daher unbedingt zu den gegebenen Anlässen auch die richtigen, stimulierenden Duftöle, um die hilfreichen Luftgeister auf Ihrer Seite zu haben.

Sensibel und wohl bedacht berücksichtigt die bezaubernde Köchin diese Wirkmechanismen der Sinne und kreiert für den Angebeteten ein *Liebesmenü* der ersten Güteklasse. Hexen in der Küche bereitet doppelte Freude – es ist Vergnügen und Zauberei pur in einem.

Die Feier der Sinne beginnt mit dem Duft.

Duftende Kräuter, Duftstoffe, Duftöle, Duftkissen und Weihrauch

sollten daher in Ihrer Hexenküche nie fehlen.

SPRITZIGER, ZAUBERHAFTER AUFTAKT

Als *Aperitif* reichen Sie vielleicht *Holundersekt* oder *Holundersaft*. Damit wird nicht nur der Appetit auf Zukünftiges eingeläutet, sondern auch gleichzeitig das innere *Reinigungsritual* vollzogen. Bereiten Sie gleich einen größeren Vorrat zu und lagern die Flaschen (bis zu einem Jahr) kühl und dunkel.

Holundersekt:
25 Holunderblüten
1500 g Zucker
10 l Wasser
0,25 l Weinessig
7 Zitronen, in Scheiben geschnitten
30 g Zitronensäure (Apotheke)

Eine Woche lang in einem großen Topf ziehen lassen, abseihen und in Flaschen füllen.

Holundersaft:
21 Holunderblüten
50 g Zitronensäure (Apotheke)
1000 g Zucker
Saft von 3 Zitronen
3 l Wasser

Über Nacht in einem großen Gefäß ziehen lassen, abseihen und in Flaschen abfüllen, kühl und dunkel lagern (bis der Vorrat aufgebraucht ist).

Erdbeeren und *Himbeeren* sind eine ideale Ergänzung für *sinnliche Rituale* des Liebeswerbens.

Füllen Sie Ihren Zauberkessel oder eine Glasschüssel zwei Stunden vor dem Essen mit einer halben Flasche Sekt (eine möglichst trockene Sorte). Halbieren Sie vorsichtig die Erdbeeren, Himbeeren werden im Ganzen verwendet, und geben diese ebenfalls in den Zauberkessel (nicht umrühren!). Die restliche halbe Flasche Sekt geben Sie unmittelbar vor dem Servieren dazu, damit das Prickeln des Sekts und der Stimmung nicht verloren gehen. Stellen Sie nun Sektgläser – oder besser Champagnerschalen – bereit. Benetzen Sie den Rand der Gläser mit Wasser, danach tauchen Sie sie in eine Zuckerdose, sodass ein weißer Kristallrand zurückbleibt. Mit einer Frucht oder Zitronenscheibe verzieren.

HORS D'ÒEVRES FÜR LUST AUF MEHR

Reizen Sie die Geschmackssinne Ihres Angebeteten nun mit Hors d'òeuvres, ersten kleinen Bissen als leckere Probe dessen, was später folgen kann. Gehen Sie hier ausnahmsweise sparsam mit Knoblauch um. Diese Knolle mag wohl die bösen Geister fernhalten, aber Ihrem Geliebten wollen Sie doch nicht nur geistig näher kommen, oder?

Es muss nicht immer Kaviar sein für ein romantisches Essen zu zweit. *Lachsfüllungen* eignen sich hervorragend, um die sinnliche Lust beim anderen Geschlecht zu fördern. Hier ein ganz persönliches Geheimrezept:

100 g Räucherlachs, 1 Esslöffel Mayonnaise
100 g Frischkäse, 1 Teelöffel Zitronensaft
1 Esslöffel trockener Sherry
Salz und Pfeffer, Weißbrot, etwas Dill

Mit dem Pürierstab verarbeiten Sie die Zutaten zu einer glatten, streichfähigen Masse und stellen Sie mindestens zwei Stunden vor dem Servieren in den Kühlschrank. Bestreichen Sie das getoastete Weißbrot damit und verzieren Sie es mit Dillspitzen.

Gesundheitsschutz aus der Natur

In Obst, Gemüse, Salaten, Kräutern, Hülsenfrüchten und Getreide steckt geballte Power für Ihre Gesundheit. Hier der 5-Punkte-Zauber für Ihr Wohlbefinden:

➤ als Zwischenmahlzeit genussvoll Obst und Gemüse essen
➤ mit Power aus der Natur (bioaktive Substanzen) Ihr Immunsystem stärken und sich vor Krankheiten schützen
➤ oft auf dem Markt frisches Gemüse aussuchen
➤ sich auch mal nur an Salaten sattessen
➤ Ihren Speisezettel nach Farben oder Aroma zusammenstellen

Für beruflichen Erfolg

Wenn Sie mit einem Essen Ihre beruflichen Erfolgschancen erhöhen möchten, so servieren Sie als Appetithäppchen *Schwarzbrot mit Quarkaufstrich*. Dazu benötigen Sie:

100 g Quark
100 g saure Sahne
Salz und Pfeffer
Schwarzbrot
frischer Thymian
1 Teelöffel geriebener Meerrettich
(damit das Geld nie ausgeht).

Verrühren Sie alle Zutaten zu einer glatten Masse und bestreichen Sie damit einige kleine Brotscheiben. Streuen Sie frischen Thymian darüber. Wenn es um den Erfolg in der Liebe geht, können Sie zusätzlich noch Tomatenscheiben zur Verstärkung Ihrer Wünsche einsetzen.

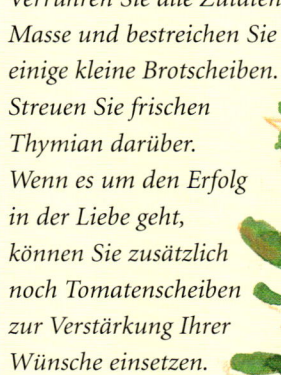

Power-Suppen

Um *Kräfte für alle Belange* zu sammeln, eignet sich hervorragend eine *Hühner-Wein-Suppe*. Körperlich und geistig gestärkt wird es Ihnen leicht fallen, Ihr Vorhaben in die Tat umzusetzen. Nach der 5-Elemente-Lehre der TCM (Traditionellen Chinesischen Medizin) reicht man diese kräftigende Suppe nach einer Krankheit, um rasch wieder einsatzfähig zu werden.

2 Hühnerschenkel
3 Möhren, 3 Petersilienwurzeln
1/4 Sellerieknolle
1/2 Zwiebel, die mit der
Schnittfläche nach unten auf einer
trockenen Pfanne angeröstet wird
1 l Wasser, 1/4 l Weißwein
1/8 l süße Sahne
Salz, Pfeffer, Muskat
Lauch bzw. Porree zum Garnieren

Huhn, Wurzelgemüse und Zwiebel mit einem Liter Wasser langsam zum Kochen bringen, bis das Fleisch weich ist. Hühnerbrühe abseihen und das weiße Hühnerfleisch von den Knochen lösen. Suppe und Fleisch zurück in den Kochtopf geben, mit Wein und süßer Sahne aufgießen und weiter köcheln lassen. Mit dem Pürierstab das Hühnerfleisch zerkleinern, salzen. Pfeffer und Muskat geben der Suppe die richtige Würze und einen runden Geschmack. Lauch vor dem Servieren in dünne Ringe schneiden, in die Suppenschüssel geben und mit Suppe aufgießen.

Als ein weiteres Rezept für die Gesundheit und für den *Erfolg* eignet sich eine *Kartoffel-Thymian-Suppe*. Die Thymian-Blättchen werden frisch verwendet. Thymian spendet Mut. Die Kartoffel zählt zu den wertvollsten Nahrungsmitteln, sie ist dem Element Erde zugeordnet und bietet dadurch Standfestigkeit und Ausdauer. Genau so zieht die Hexe Reichtum in ihr Leben.

500 g mehlige Kartoffeln
1/4 l Weißwein
1/8 l süße Sahne
1/2 l Wasser
Salz, Pfeffer, Kümmel, Garam Masala,
(frischer) Thymian
saure Sahne zum Verfeinern

Kartoffeln schälen und würfelig schneiden. Mit Kümmel (ganz) und einem halben Liter Wasser weich kochen. Wein, süße Sahne, Salz und Pfeffer dazu geben, mit einer Messerspitze Garam Masala abschmecken. Dies ist eine indische Gewürzmischung, die in jedem Reformhaus erhältlich ist. Sie können aber auch je eine kleine Messerspitze Curry, Ingwer, Kümmel gemahlen, Muskat und Paprika mischen und der Suppe damit einen unvergleichlichen Geschmack geben. Mit einem Pürierstab die Kartoffeln fein zerkleinern und mit frischen Thymian würzen. Vor dem Servieren den Geschmack der Suppe mit einem Löffel saurer Sahne verfeinern.

VERFÜHRUNG MIT RAFFINESSE

Als Hauptgang eines *Liebesgerichtes* bietet die verführerische Hexe *Gefülltes Omelett mit Pilzen und Selleriesalat* an. Die dazu verwendeten Eier symbolisieren die Schöpfung und den Ursprung des Lebens. Pilze werden als Liebesboten angesehen. Kräuter wie Schnittlauch signalisieren Dynamik und grüne Petersilie steht für Kommunikation. Sellerie fördert das sinnliche Verlangen und entfacht die Leidenschaft. Also – ans Werk!

Für 4 Omeletts:
2 Eier,
100 g Mehl
100 ml Milch
50 g Butter (erwärmen)
Salz
Für die Füllung:
100 g Pfifferlinge oder Champignons
100 g Lauch oder Porree
4 Esslöffel Schlagsahne
40 g Butter
2 Esslöffel Weißwein
Butter für die Form

Mehl, Eier, flüssige Butter, Milch und etwas Salz zu einem glatten Teig verrühren. Zehn Minuten ziehen lassen. Aus dem Pfannkuchenteig vier dünne Omeletts von jeder Seite etwa zwei Minuten goldgelb backen.
Füllung: Lauch in dünne Scheiben schneiden und mit der Hälfte der Butter glasig dünsten. Pilze und Wein zufügen, kurz aufkochen lassen, Schlagsahne,

Salz und Pfeffer dazu geben und so lange kochen lassen, bis die Flüssigkeit verdampft ist. Omeletts mit Pilzen füllen, zusammenrollen und in eine mit Butter ausgestrichene feuerfeste Form geben. Butterflocken darauf geben und bei 170 Grad überbacken.

Selleriesalat:
4 Stangen Staudensellerie
1 Apfel
1 Teelöffel Zitronensaft
Senf, Mayonnaise, Salz, Pfeffer, Zucker
1 Teelöffel Balsam-Essig
1 Esslöffel Salatöl
Mandelblättchen zum Garnieren

Selleriestangen in kleine Stücke schneiden, ebenso den Apfel. Mit Zitronensaft beträufeln. Je einen Teelöffel Senf und Mayonnaise in einen Becher (mit verschließbarem Deckel) geben, Salz, Pfeffer, eine Messerspitze Zucker, Balsam-Essig und einen Esslöffel Öl sowie etwas Wasser. Becher verschließen und kräftig schütteln. Salatsauce über die Sellerie- und Apfelstückchen gießen und das Ganze kurz vermischen. Mit Mandelblättchen garnieren.

NACHTISCH FÜR DIE LIEBE

Als krönender Abschluss, gleich einem Feuerwerk bei einem Fest, schöpft die verführerische Hexe und Künstlerin der Küche aus dem Vollen, wenn es um den Nachtisch geht. In der Vielfalt liegt der Genuss. Zur Auswahl stehen:

Vanille zählte früher in Nonnenklöstern zu den verbotenen Kräutern. Madame Pompadour hat hingegen sogar ihre Wäsche mit Vanille parfümiert, weil sie von der anregenden Wirkung des Dufts in der Liebe überzeugt war. Wie wäre es mit Vanillecreme oder Vanillepudding?
Pfirsich oder *Aprikosen* auf *Vanilleeis mit Schokolade*. Die Elfen in Shakespeare´s „Sommernachtstraum" setzten Pfirsiche, die sinnlichsten aller Früchte, als Aphrodisiakum ein.
Auch *Feigen* – Zeichen der Fruchtbarkeit und Symbol der körperlichen Liebe – lassen sich wunderbar mit Vanilleeis kombinieren.
Kirschen erinnern an den ersten zarten Kuss, den der Verliebte von seiner Angebeteten erhält.
Keine Orgie kann ohne diese Frucht stattfinden. Gemeint sind *Weintrauben*, die für die Römer Lust an der Liebe sowie der Fruchtbarkeit darstellten. Die Sinnlichkeit ist an die Einbildungskraft gebunden. Lassen Sie wie Tautropfen jede einzelne Traube auf der Zunge zergehen und stillen Sie das Verlangen des Angebeteten, gleich wie Sie es geweckt haben.
Der *Apfel* stellt nicht nur die Frucht der Verführung dar. Sondern ist auch Freifahrtschein für das männliche Geschlecht in das Paradies der Genüsse. Eugen Roth erklärt das so:
„Bedenke, ... dass heute noch im Paradiese, der erste Mann, der Adam, säße und nur erlaubtes Fallobst äße. Den Apfel ließe unberührt – hätt´ ihn die Eva nicht verführt."

Was halten Sie von *Bratäpfeln mit Vanillesauce?*

Dazu benötigen Sie:
Pro Person einen festen Apfel
Rosinen, Mandelsplitter, Honig, Rum, Zimt.

Die Äpfel werden von Stielen und Kerngehäuse getrennt. Den frei gewordenen Raum mit Rosinen, Mandelsplittern und etwas Honig füllen. Rum mit einer Messerspitze Zimt verrühren und über die Füllung gießen, Butterflöckchen auf die Äpfel legen und in einer feuerfesten Form 20 Minuten bei 150 ° C braten.

Zutaten für die Vanillesauce:
1/4 l Milch, 2 Eidotter, 2 Esslöffel Zucker,
2 Pckg. Vanillezucker oder statt der Eier
1 Esslöffel Stärkemehl zum Andicken.

Sämtliche Zutaten mit Milch vermischen. Unter ständigem Rühren mit einem Schneebesen heiß und dicklich werden lassen. Wird statt der Eier ein Esslöffel Stärkemehl verwendet, muss es vorher in kalter Milch glatt gerührt werden. Das Ganze zum Kochen bringen, aufwallen lassen, Topf vom Herd nehmen. In ein kaltes Wasserbad stellen und während des Abkühlens immer wieder gut umrühren.

Wer kann *Schokolade* – Frucht der Götter – widerstehen? Fast niemand.

Neugier und Leidenschaft sind die symbolischen Eigenschaften der *Pralinen* in den Riten des romantischen Liebeswerbens.

Wenn der Abend ganz nach Ihren Vorstellungen gelaufen ist und der Fisch geradezu an der Angel zappelt, legen Sie noch ein wenig zu. Servieren Sie ein Gläschen *Aprikosen-* oder *Kirschlikör*.

Dazu benötigen Sie: oder
1 kg Aprikosen   *1 kg Kirschen*
250 g Zucker   *400 g Zucker*
1 l Alkohol, 90 %   *1 l Alkohol, 90 %*
4 Zimtstangen   *2 Zimtstangen*
6 – 8 Gewürznelken

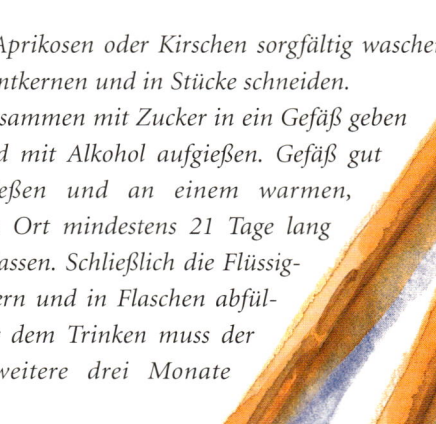 *Aprikosen oder Kirschen sorgfältig waschen, entkernen und in Stücke schneiden. Zusammen mit Zucker in ein Gefäß geben und mit Alkohol aufgießen. Gefäß gut verschließen und an einem warmen, dunklen Ort mindestens 21 Tage lang ziehen lassen. Schließlich die Flüssigkeit filtern und in Flaschen abfüllen. Vor dem Trinken muss der Likör weitere drei Monate ruhen.*

Frucht der Götter

Um eine Mahlzeit zauberhaft abzuschließen, eignen sich besonders auch leckere Schokoladenfrüchte, wie zum Beispiel Erdbeeren oder Aprikosen.

Sie schmelzen etwa 150 g Schokolade über einem Wasserbad und lassen sie leicht abkühlen. Dann tauchen Sie eine Frucht nach der anderen in die Schokolade, stellen sie zum Festwerden beiseite.

Zu Kaffee oder Likör serviert, verstärken Sie den Liebeszauber.

Magische Kräfte für
die Gesundheit stecken
auch in Powersäften
aus exotischen Früchten,
die jede Hexe selber
„brauen" kann und
die köstlich schmecken.

Sie können aber auch den Abend mit einer Tasse *Grünem Tee* mit *Jasminblüten* ausklingen lassen.

Pro Tasse wird ein Teelöffel grüne Teeblätter berechnet. Vergessen Sie nicht, vor dem Aufgießen des Teewassers die Teeblätter zu waschen, da der Tee ansonsten durch das Nachziehen eine unansehnlich braune Farbe und einen bitteren Nachgeschmack erhält. Wie wäscht man Tee, werden Sie sicherlich jetzt fragen?

Bevor das Teeei oder Teesieb in die Teekanne eingehängt wird, wird es in einer extra Tasse mit heißem Wasser übergossen, bis alle Teeblätter bedeckt sind, dann zwei bis drei Minuten ziehen lassen. Anschließend die graubraune Brühe wegschütten. Nun das Teesieb in die Teekanne hängen und wie gewohnt mit gekochtem Wasser aufgießen, 3 bis 5 Minuten ziehen lassen. Grüner Tee regt die Sinne an und Jasmin fördert die Leidenschaft und Lebensfreude.

Jasminblüten können auch gegen Apfelstückchen oder getrocknete Aprikosen ausgetauscht werden.

An die Rezeptvorschläge sind Sie selbstverständlich nicht gebunden. Stellen Sie Ihr ganz persönliches Gesundheits-, Liebes- und Erfolgsmenü zusammen. Verlassen Sie sich dabei ganz auf Ihre Intuition und nutzen Sie Ihre magischen Fähigkeiten. Die innere Stimme wird Sie siegesbewusst an Ihr Ziel bringen. Haben Sie Vertrauen zu sich selbst und in Ihr Können. Bedenken Sie immer: Alles, was Sie mit Liebe tun, kann nur von Erfolg gekrönt werden!

für die Gesundheit:
in Brokkoli, Holunderbeeren, Knoblauch, Kresse, Pflaumen, Preiselbeeren, Wacholderbeeren, Zwiebeln

für die Liebe:
in Anis, Erbsen, Melisse, Milch, Nelken, Spargel, Zucker

für den Erfolg:
in Blaubeeren, Dill, Lorbeer, Nüssen, Oliven, Reis

Als so genannte Nachbehandlung für den Liebeszauber ist es ratsam, die aktivierten Schwingungen aufrechtzuerhalten, indem Sie der/dem Angebeteten kleine Geschenke machen.

Überreichen Sie Ihrem Herzenspartner ein Glas *Rosenblätter-Konfitüre* mit einer kleinen Rose. Unvergesslich werden Sie sich mit jedem Löffelchen Marmelade bereits am frühen Morgen beim Frühstück in das Herz des Traumpartners einnisten. Dazu benötigen Sie:

10 Duftrosen (unbehandelt)
1/4 l Rotwein
3/4 l Wasser
4 Zitronen (Saft)
2 dünne Scheiben Ingwer
1 kg Gelierzucker

Rosenblätter vom Samengehäuse lösen und in feine Streifen schneiden. Rotwein und Wasser darüber gießen und 2 Stunden stehen lassen. Mit Gelierzucker, Zitronensaft und Gewürz aufkochen, in Gläser füllen, verschließen und 10 Minuten bei 120 Grad in den Backofen stellen. Anschließend im Keller kühl lagern.

Darüber hinaus eignen sich zum Verschenken hervorragend Essig und/oder Öle, die mit Liebeskräutern angereichert sind. Wählen Sie dazu eine schöne Flasche aus und füllen Essig oder Öl hinein. Am besten wäre leichtes Öl mit neutralem Geschmack, wie z.B. Sonnenblumenöl. Geben Sie zwei bis drei Zweige der Liebeskräuter aus Ihrem Zaubergarten in die Flasche. Gut verschließen und noch mit einem kleinen Blumensträußchen schmücken. Auch ein rotes Band kann hilfreich sein und sieht zudem gut aus.

Nicht nur zum Weiterschenken, sondern auch für den Eigenbedarf eignen sich Kräuteröle zum Abschmecken von Speisen. Geben Sie auf 1/4 l Öl eine Handvoll getrocknete Kräuter wie z.B. Thymian, Rosmarin, Basilikum und lassen diese Mischung drei Tage in einem Gefäß an einem dunklen Ort ziehen. Gießen Sie das Öl über einem Topf durch ein Stofftaschentuch oder Leinentuch. Winden Sie die Kräuter mit Hilfe des Tuches gut aus, damit möglichst alle Aroma- und Inhaltsstoffe in dem Öl aufgefangen werden. Füllen Sie nun das Kräuteröl in kleine Flaschen ab.

TIPP

Zauberhafter Wellness-Tee

Dieser wahre Zaubertrank für Ihr Wohlbefinden, für die Gesundheit und alles Positive lässt sich leicht zusammenstellen. Man mischt zu gleichen Teilen: Ringelblumen, Waldmeister, Zimt, Zitronenmelisse, Lavendel, Brombeerblätter, Lindenblüten und zwei Duftrosenknospen pro Tasse.

Übergießen Sie jeweils einen gehäuften Teelöffel Teemischung, decken die Tasse ab, lassen die Mischung fünf Minuten ziehen. Dann seihen Sie ab, süßen nach Belieben und genießen Ihren Zaubertrank an einem behaglichen Plätzchen, wo Sie gerne entspannen.

In dekorativen Fläschchen wie diesen eignen sich in Essig und Öl eingelegte Kräuter auch sehr gut zum Verschenken.

Sie können damit nicht nur Salatmarinaden, Suppen oder Braten geschmacklich verbessern, sondern auch Kerzen damit salben oder sich selbst einen Tropfen Öl als Parfüm hinter das Ohrläppchen geben und sich träumend in eine besondere Stimmung versenken – stets in Harmonie mit Ihrer Umgebung. Viel Spaß dabei! Vielleicht erkundigen Sie sich vorsichtshalber, ob der Angebetete gegen bestimmte Nahrungsmittel allergisch ist. Wählen Sie unter dem reichhaltigen Angebot jene Öle, Gewürze und Zutaten aus, die für beide Seiten am verträglichsten sind.

Mit Kräutern die Zukunft deuten

Eine Entscheidungshilfe besonderer Art sind Tarotkarten. Erfahrungen, die bei Weissagungen mit Karten über Jahrhunderte gesammelt und an begabte Hexen weitergeleitet wurden, können eine große Unterstützung in Ihrem Leben sein. Sind Sie im Besitz dieser Karten, betrachten Sie einmal jedes Blatt genau. Jede einzelne Karte wird für Sie persönlich eine andere Schwingung und Aussagekraft haben. Die Todeskarte z. B. verkündet nur in den allerseltensten Fällen wirklich das Ableben. Vielmehr kommt ihr die Bedeutung eines Neuanfangs oder der Wiedergeburt zu.

Der Zukunftsdeutung geben Sie feierlichen Charakter, wenn Sie Kerzen oder Duftlampen anzünden. Lassen Sie den Alltag bewusst für eine Zeit lang zurück.

Natürlich müssen alte Gewohnheiten oft abgelegt werden, um neue Ideen aufleben zu lassen. Wahrsagekarten dürfen nicht in fremde Hände gegeben werden – nicht einmal in die Ihrer besten Freundin. Denn sie „sprechen" meist nur mit den Eigentümern. Achten Sie beim Kartenlegen darauf, dass diejenige, die die Karten befragt, immer im Norden mit Blick nach Süden sitzt. Wenn Sie die Karten für Freunde auflegen, sollen diese Ihnen gegenüber – also im Süden mit Blickrichtung Norden – Platz nehmen. Bevor Sie die Karten zur Befragung zur Hand nehmen, versuchen Sie, vollkommene innere Gelassenheit und Ruhe zu erreichen. Zünden Sie eine Kerze an, auch beruhigende

Meditationsmusik öffnet Ihnen den Zugang zu Ihrer Intuition. Bitten Sie im Geist darum, die Karten verstehen zu dürfen.

Um das Zukunftsorakel zu befragen, mischen Sie alle Karten und heben mit der linken Hand einen Kartenstoß auf. Die unterste Karte des abgehobenen Kartenstoßes verrät die Antwort auf die gestellte Frage.

Ein Tarot-Spiel bekommt man im Buchhandel, es besteht aus 78 Karten und wird in zwei Arkana-Kreise eingeteilt (arcanum = Geheimnis). Der große Arkana-Zyklus besteht aus 22 Karten, die das zu erwartende Schicksal darstellen. Dieses Lebensziel soll der Fragende erreichen. Der kleine Arkana-Zirkel umfasst 56 Karten. Diese symbolisieren die so genannten Auslöser-Karten. Sie geben die Denkrichtung und Handlungsweise vor, wie der Fragende an sein Ziel kommen kann. In unserem Fall sind die Ansichten der Karten mit Kräutersymbolen ausgestattet. Ganz nach dem Motto, dass die „Außenwelt die Innenwelt" erkennen lässt.

Unter gar keinen Umständen wollen die Karten Ihnen sagen, dass Sie die gezogene Heilpflanze einnehmen sollen. Dazu ist eine Rücksprache mit Arzt oder Apotheker notwendig. Betrachten Sie das Kartenlegen mit Kräutersymbolen eher als „Entscheidungshilfe", weniger als „Zukunftsorakel". Bedenken Sie, dass dieses Spiel sich mit dem „Reich des Vergessenen" auseinander setzt. Denn das Unbewusste entpuppt sich oft als „Hemmschuh" unseres Handelns. Während Sie die Karten

mischen, überlegen Sie sich die Frage des Tages genau. Konzentrieren Sie sich auf einen Wortlaut: Was will mir der heutige Tag sagen? Was wird heute auf mich zukommen? Was wird mir der heutige Tag bringen? Legen Sie die Karten mit der Rückseite nach oben vor sich hin und heben mit der linken Hand einen Kartenstoß ab. Nun decken Sie die unterste Karte des abgehobenen Kartenpakets auf. Wenn Sie nach einiger Zeit genügend Erfahrung mit den Karten gesammelt haben, können Sie mit der linken Hand zweimal abheben und die Karten sofort aufgedeckt vor sich legen. Die Aussagekraft ist dann natürlich viel stärker.

Wenn Sie ein Kräutertarot besitzen, legen Sie die Karten anhand der folgenden Bezeichnungen auf, um sie besser kennen zu lernen. Zur Befragung der Karten mischen Sie alle und stellen Ihre Frage wie oben beschrieben.

Schönheit und Zauber des Tarot

Tarotkarten müssen auch für das Auge geschaffen sein. Dann dienen sie der Zukunftsdeutung optimal. So waren für ihre Bestellung und Gestaltung stets auch künstlerische Fertigkeiten gefragt. Der Franzose Court de Gébelin erschloss dieses zauberhafte Spiel unserer westlichen Welt vor mehr als 2000 Jahren. Es basiert auf einem ägyptischen Kulturdokument, das alte Weisheiten von Isis und Osiris enthielt, ausgedrückt in einer symbolhaften Bildersprache. Nachdem der Franzose seine Erkenntnisse veröffentlicht hatte, wurden sie sofort von allen professionellen Wahrsagern akzeptiert und übernommen. Und viele von Ihnen verwenden bis auf den heutigen Tag Tarotkarten nach der Version des Franzosen. Ebenso inspirieren seine Entwürfe, die Sie hier sehen, auch moderne Hersteller von Tarotkarten.

Empfehlungen für Hexen
nach den großen Arkana

0 Der Narr – Ginseng:
Gibt Kraft und den Mut, Veränderungen
durchzuführen. Doch Uranus warnt eindeutig
vor Leichtsinn.

I Der Magier – Tragant:
Willensstärke und Durchsetzungskraft lassen alle
gesetzten Ziele erreichen. Merkur überwacht mit
Verstand die Handlung.

II Die Hohepriesterin –Pfingstrosen:
Lösen hemmende Umstände auf. Vertrauen Sie
Ihrer Intuition. Denn: Was der Herr mir
zugedacht, das wird mir mit Sicherheit auch ins
Haus gebracht.

III Die Herrscherin – Dong Quai:
Lassen Sie Ihr Herz sprechen. Keine Angst vor
der Liebe.

IV Der Herrscher – Atractylodes:
(mediterane Heilpflanze):
Glück und Liebe, Mut zu einem neuen Anfang.

V Der Hohepriester – Salbei:
Weisheit und Vertrauen. Hindernisse werden
„weggeblasen". Venus unterstützt Liebe und
Reichtum.

VI Die Liebenden – Petersilie:
Vertrauen Sie der Liebe. Das Glück gehört Ihnen.

VII Der Wagen – Zyperngras:
„Wenn" und „Aber" machen Sie unsicher.
Klarheit im Geist führt zu Triumph.

VIII Die Kraft – Paprika:
Grübeln Sie nicht über die Vergangenheit.
Eine neue Aufgabe macht Sie fröhlich,
bringt Erfolg.

IX Der Eremit – Süßholz:
Schließen Sie Frieden mit sich selbst, dann
werden Sie zum Fackelträger (Erleuchtung) für
Ihr eigenes Leben.

X Das Medizinrad – Ulme:
Gute Geister helfen Ihnen beim Gewinnen.

XI Gerechtigkeit – Wegerich:
Wie Phönix aus der Asche werden Sie auferstehen,
sobald Sie lernen, Ihr Leben selbst in die Hand
zu nehmen.

XII *Hängende Person – Tang:*
Ihre seelische Wunden erfahren Heilung, feindliche Gefühle von außen lösen sich auf.

XIII *Tod – Holunder:*
Schließen Sie mit Vergangenem ab. Nur der Tod kann neues Leben entstehen lassen: Neuanfang!

XIV *Mäßigkeit – Echinacea:*
Übertreiben Sie nicht. Kraft und Stärke kommen durch Reinigung, nicht durch Übertreibung.

XV *Pan – Lobelie:*
Besinnen Sie sich auf das Wesentliche in Ihrem Leben. Verzetteln Sie sich nicht. Ein bisschen mehr Mut!

XVI *Der Turm – Knoblauch:*
Blockierungen, Hindernisse werden leicht überwunden. Der Erfolg in der Liebe gibt Ihnen Recht!

XVII *Der Stern – Helmkraut:*
Mit einem ruhigen klaren Geist können Sie alle ihre Ziele erreichen.

XVIII *Der Mond – Zitronenmelisse:*
Trübsinn löst sich auf. Leben Sie nicht immer in der Vergangenheit. Das Leben ist immer lebenswert!

XIX *Die Sonne – Engelwurz:*
Das Glück wartet auf Sie. Tun Sie doch endlich etwas. Der Erfolg ist Ihnen sicher.

XX *Gericht – Orangenwurzel:*
Allzu viel ist ungesund. Mit Aggression erreichen Sie nichts.

XXI *Die Welt – Beinwell:*
Man muss auch verzeihen können. Nur vereint sind auch die Schwachen stark.

Die Sprache der Blumen und Kräuter

Akelei – Unbeständigkeit	**Kerbel** – Aufrichtigkeit	**Rote Rose** – Liebe
Basilikum – Liebe	**Lavendel** – Schweigen	**Salbei** – Wertschätzung
Borretsch – Mut	**Lilie** – Reinheit	**Stiefmütterchen** – Huldigung
Engelwurz – Inspiration	**Lorbeer** – Ruhm	**Stockmalve** – Ehrgeiz
Feldstiefmütterchen – Erinnerung	**Majoran** – Glück	**Veilchen** – Ergebenheit
Fenchel – Schmeichelei	**Mimose** – Empfindsamkeit	**Vergissmeinnicht** – Treue
Gänseblümchen – Unschuld	**Minze** – Weisheit	**Weinraute** – Anmut
Geißblatt – Ergebenheit	**Nelke** – Resignation	**Weiße Rose** – Schweigen
Gelbe Rose – Untreue	**Petersilie** – Jubel	**Wiesenknopf** – eine Begegnung
Glockenblume – Beständigkeit	**Pimpinelle** – Fröhlichkeit	**Ysop** – Opfer
Kamille – Geduld	**Rittersporn** – Untreue	
Kapuzinerkresse – Patriotismus	**Rosmarin** – Erinnerung	

Empfehlungen für Hexen
nach den kleinen Arkana

König der Schwerter – Johanniskraut:
Kontrolle ist zwar gut, doch nur Vertrauen in die Schöpfung lässt Sie wieder ruhig schlafen.

Königin der Schwerter – Frauenschuh:
Seien Sie ehrlich zu sich selbst. Weil Sie stark sind, können Sie sich auch einmal Schwäche leisten.

Ritter der Schwerter – Schwarzkirschbaumrinde:
Was nimmt Ihnen die Luft zum Atmen?
Ungerechtigkeiten können Sie nicht dulden.

Die kleinen Arkana geben die Denkrichtung und Handlungsweise vor, wie der Fragende an sein Ziel kommen kann.

Bube der Schwerter – Dill:
Sie wissen, was Sie wollen. Warum tun Sie es nicht?

Zehn der Schwerter – Meertraube:
Die seelischen Verwundungen hören dann auf, wenn Sie bereit sind, einen neuen Lebensabschnitt zu beginnen.

Neun der Schwerter – Baldrian:
Auch Einsamkeit ist eine Sehnsucht. Versuchen Sie, eins zu sein mit der Unendlichkeit und alle Tore stehen Ihnen weit offen.

Acht der Schwerter – Silberkerze:
Sprechen Sie aus, was Ihnen gegen den Strich geht. Nur so kann die Umwelt auf Sie positiv reagieren und Sie respektieren.

Sieben der Schwerter – Betonie:
Heimlichkeiten in Ihrer Umgebung können Sie aufklären. Wach bleiben.

Sechs der Schwerter – Eisenkraut:
Ein neuer Horizont zeigt sich. Blicken Sie nach vorn. Dort geht die Sonne auf.

Fünf der Schwerter – Mistel:
Probleme sind da, um gemeistert zu werden. Der Erfolg ist Ihnen sicher. Doch es sollte ein „stiller" Sieg sein.

Vier der Schwerter – Königskerze:
Ruhe wird Ihnen gut tun und schärft Ihren Geist. Ziehen Sie sich ein wenig zurück.

Drei der Schwerter – Seidenpflanze:
Lassen Sie los und verzeihen Sie Ihren Gegnern. Dann können auch Ihre Wunden des Herzens heilen.

Zwei der Schwerter – Passionsblume:
In der Stille ruht die Kraft. Akzeptieren Sie auch einmal die Wut. Daraus kann sich auch Stärke entwickeln.

As der Schwerter – Kamille:
Der Sieg steht Ihnen zu.

König der Stäbe – Zimt:
Leidenschaftliches, feuriges Wesen, das wohlwollend in die Zukunft sieht.

Königin der Stäbe – Himbeerblätter:
Regt die Weiblichkeit an. Sinnlichkeit darf gelebt werden.

Ritter der Stäbe – Eisenhut:
Achtung giftig! Lassen sie Kälte nicht in Ihr Herz einziehen.

Bube der Stäbe – Hirtentäschel:
Träumen Sie nicht nur von der großen weiten Welt. Tun Sie etwas zur Erfüllung Ihrer Wünsche.

Zehn der Stäbe – Gelbholzrinde:
Die Last auf Ihren Schultern wird sich auflösen.

Neun der Stäbe – Wachsmyrtenrinde:
Sie können Hindernisse nicht ignorieren. Stellen Sie sich der Herausforderung.

TIPP

Sobald Sie mit allem Wesentlichen des Tarot vertraut sind, für eine entspannte Atmosphäre gesorgt haben, kann die Zukunftsdeutung beginnen. Mischen Sie die Karten so lange, bis Sie sich warm anfühlen oder Sie das Gefühl haben, dass sie ausreichend gemischt sind. Legen Sie das Kartendeck als Stapel verdeckt auf den Tisch. Danach fächern Sie es zu einem schönen Halbkreis auf. Stellen Sie nun Ihre Fragen möglichst präzise. Vertrauen Sie darauf, dass Ihr Unbewusstes Sie die richtigen, auf Ihre Fragen bzw. auf das Problem, das Sie hinterfragen, bezogenen Karten ziehen lässt.

Acht der Stäbe – Sassafrasbaum:
Nur wenn Sie flexibel und wendig sind, werden Sie die Stürme des Lebens überstehen. Starr gewordene Äste brechen im Sturm ab.

Sieben der Stäbe – Haselwurz:
Seien Sie bereit, anzupacken. Den Mutigen gehört die Welt.

Sechs der Stäbe – Weißdorn:
Die Ruhe vor dem Sturm dauert nicht sehr lange. Seien Sie auf der Hut.

Fünf der Stäbe – Gelbwurz:
Sie müssen nicht alles schlucken. Sie sind Herr Ihrer Gefühle.

Vier der Stäbe – Fenchel:
Was können Sie nicht verdauen? Oder haben Sie aus vergangenen Schwierigkeiten nichts gelernt? Holen Sie es nach!

Drei der Stäbe – Safran:
Bald haben Sie Ihr Ziel erreicht. Halten Sie durch!

Zwei der Stäbe – Basilikum:
Sie kennen Ihre Fähigkeiten und dürfen auch ein wenig stolz darauf sein.

As der Stäbe – Schafgarbe:
Das Glück liegt in den kleinen Dingen. Übersehen Sie es nicht!

König der Kelche – Palmettopalme:
Erfolg stellt sich ein.
Doch sollten Sie, wenn es Ihnen finanziell gut
geht, besonders auch auf Ihr Gefühl achten.
Lassen Sie es nicht verkommen.

Königin der Kelche – Frauenmantel:
Intuition und Kreativität bringen Erfolg. Über-
spannen Sie aber nicht den Bogen.

Ritter der Kelche – Sarsaparille:
Sie werden umworben. Doch überprüfen Sie die
Echtheit der Gefühle. Täuschungsgefahr.

Bube der Kelche – Damiana:
Aktiv und kreativ, ein Ziel wird rasch erreicht.

Zehn der Kelche – Marihuana:
Luftschlösser und Träumereien lösen sich bald auf.

Neun der Kelche – Rebhuhnbeere:
Zufriedenheit und Überfluss stellen sich ein.
Doch bedenken Sie: Das letzte Hemd hat keine
Taschen. Nicht Hamstern!

Acht der Kelche – Wasserdost:
Blasenprobleme sind Tränen, die nicht geweint
wurden. Die Kränkung wird sich auflösen.

Sieben der Kelche – Wacholder:
Alles ist möglich.
Nutzen Sie die Gunst der Stunde.

Sechs der Kelche – Wassermelone:
Kühlt hitzige Gemüter. Spielen Sie niemals mit
der Liebe.

Fünf der Kelche – Schachtelhalm:
Gesteckte Ziele können durch eigene Fähigkeiten
erreicht werden. Stabilität von innen.

Vier der Kelche – Klette:
Sie wollen sich verändern. Ordnen Sie Ihr Leben
neu ein. Hilfe naht.

Drei der Kelche – Waldlilie:
Treffen Sie jetzt Ihre Wahl. Lebensfülle lässt
Freude aufkommen.

Zwei der Kelche – Bärentraube:
Sie finden Ihren Traumpartner. Harmonie.

As der Kelche – Lotos:
Glück, Segen und Erleuchtung. Sie sind der
Gewinner.

König der Münzen (Scheiben) – Luzerne:
Zuversichtlich können Sie in die Zukunft blicken.
Erfolg und Reichtum.

Königin der Münzen – Eibisch:
Weisheit, Ansehen und Wohlhaben.

Ritter der Münzen – Alant:
Hart arbeitender Mensch, doch fehlt die
Kreativität. Seien Sie nicht so stur!

Bube der Münzen – Schwertlilie:
Glück und Erfolg kommen auf Sie zu, wenn die
Gedanken klar und rein bleiben.

Zehn der Münzen – Yamswurzel:
Lassen Sie sich nicht täuschen. Irgendetwas ist
hier faul.

Neun der Münzen – Blaue Weinrebe:
Materieller Zuwachs, Wohlergehen. Achtung vor
der Oberflächlichkeit.

Acht der Münzen – Ingwer:
Stecken Sie sich ein neues Ziel – es lohnt sich.
Sieben der Münzen – Rhabarber: Man erntet das,
was man ausgesät hat. Erfolg durch harte Arbeit.

Sechs der Münzen – Hopfen:
Teilen ist hier geboten, dann werden Sie auch
Ruhe finden.

Fünf der Münzen – Beifuß:
Wenn Sie sich zu sehr auf andere verlassen, stehen
Sie zu Schluss alleine da. Sie können mehr, als Sie
sich zutrauen.

Vier der Münzen – Faulbaumrinde:
Warum wollen Sie nicht weitergehen? Wer rastet,
der rostet!

Drei der Münzen – Enzian:
Lern- und Leistungsfähigkeit wollen gefordert
werden. Entfalten Sie Ihre Talente.

Zwei der Münzen – Ampfer:
Entrümpeln Sie Ihre Seele. Kleben Sie nicht an
vergangenen Zeiten. Das Leben passiert hier und
jetzt.

As der Münzen – Ganze Getreidekörner:
Geben Sie Ihren Sehnsüchten und Begierden nach.
Holen Sie sich vom Leben das, was Ihnen zusteht.

Welche Karte Sie auch ziehen: Vergessen Sie nie,
dass es nur ein Spiel ist. Auch wenn Sie mit den
Karten etwas vertrauter sind, können sie doch
höchstenfalls nur Denkanstöße geben. Niemand
und nichts kann Sie zwingen, zu tun, was Sie nicht
wollen. Sie werden immer Herr Ihres eigenen
Lebens sein und bleiben.
Haben Sie Spaß daran und genießen Sie es.

Register

GU GARTENTRÄUME

Trendige Themen rund um den Garten

ISBN 3-7742-1393-3
80 Seiten

ISBN 3-7742-1680-0
80 Seiten

Die neue Reihe zu aktuellen Themen, frisch und ansprechend gestaltet,
zum Verschenken oder selbst behalten.

WEITERE TITEL ZUM THEMA GARTEN BEI GU:

➤ Feng Shui – Garten für die Sinne
➤ Feng Shui – Harmonisches Wohnen mit Pflanzen
➤ Gartenspaß für Einsteiger
➤ Balkon- und Kübelpflanzen für Einsteiger

Gutgemacht. Gutgelaunt.

BÜCHER UND ADRESSEN, DIE WEITERHELFEN

- Biedermann, H.: *Handlexikon der magischen Künste*, Akademische Druck- und Verlagsanstalt, Graz
- Breschke, M.: *Mondgarten*, Gräfe und Unzer Verlag, München
- Butler, W. E.: *Das ist Magie*, Hermann Bauer Verlag, Freiburg i. Br.
- Fries, J.: *Visuelle Magie*, Edition Ananael, Bad Ischl
- Hodapp, B. u. Rinkenbach, I.: *Rituale der weißen Magie*, Peter Erd Verlag, München
- Mayer, J.: *Balkon- und Kübelpflanzen*, Gräfe und Unzer Verlag, München
- Rau, H.: *Kräuter im Garten*, Gräfe und Unzer Verlag, München
- Rau, H.: *Küchenkräuter auf Balkon und Terrasse*, Gräfe und Unzer Verlag, München
- Sator, G.: *Feng Shui – Garten für die Sinne*, Gräfe und Unzer Verlag, München
- Sator, G.: *Feng Shui – Harmonisches Wohnen mit Pflanzen*, Gräfe und Unzer Verlag, München
- Simon, H.: *Gartengestaltung*, Gräfe und Unzer Verlag, München
- Starhawk, P.: *Der Hexenkult*, Hermann Bauer Verlag, Freiburg i. Br.
- Tierra, M. u. Cantin, C.: *Der Kräutertarot*, Urania Verlag, Neuhausen
- Walker, B.G.: *Das geheime Wissen der Frauen*, dtv, München
- Wolf, K.: *Magie*, Knaur Verlag, München

Esoterik & Magie Pur!
Heilig-Geist-Gasse 23
94032 Passau
Hexenladen Sandra
Baierbrunner Straße 2
81379 München
Lunara Esoterik-Versandhandel
Feldstraße 18
40667 Meerbusch

BILDNACHWEIS

Illustrationen: Stefan Heß
Fotos:
AMS: Seite 6, 10, 31, 69;
Caspersen, G.: U4 li., Hintergrund;
Endress, A. F.: Seite 51; Fotodienst Fehn:
Seite 67; Fotostudio Morck: Seite 64;
Fotostudio Teubner/Silke v. Otto: Seite 19;
Krieg, R.: Seite 5, 11, 27, 30, 52, 54, 75;
Laux, H. E.: Seite 5, 28; Mauritius:
Seite 48; Ney, H.: Seite 20, 24;
Reinhard, H.: U1, U4 mi., Seite 4, 33,
34, 35, 36, 39, 41, 46, 53, 57;
Schneider, J./Will, M.: U4 re.; SWV
(Sperl, S.): Seite 2, 8.

Für Winnie

Alles Liebe von Mable

Koordination und Redaktion:
AMS, Reute; Sabine Schulz
Umschlaggestaltung:
Independent Medien-Design, München
Layout: Stefan Heß, Ehrenstetten
Herstellung: Ute Hausleiter
Satz: Stefan Heß, Ehrenstetten
Reproduktion: Repro Schmidt, Dornbirn
Druck und Bindung: Auer, Donauwörth
Printed in Germany

ISBN 3-7742-1393-3

Auflage	4.	3.	2.	1.
Jahr	2003	2002	2001	2000

WICHTIGER HINWEIS
Die Ratschläge des vorliegenden Buches wurden sorgfältig recherchiert. Die meisten der vorgestellten Pflanzenarten sollten nicht im Übermaß verzehrt werden, einige sind mit Vorsicht zu genießen, gerade in der Schwangerschaft. Bitte Hinweise im Text beachten. Langzeittherapien mit Heilkräutern sollten nur unter Anleitung eines Arztes für Naturheilverfahren durchgeführt werden.